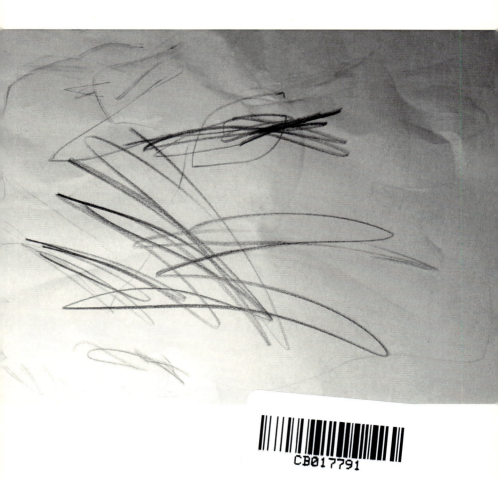

OLDEN HUGO
PARA FALAR EM PÚBLICO

20 FUNDAMENTOS DA ORATÓRIA

ILUSTRAÇÕES
HEITOR VALENTÍN

Copyright © 2021 by Editora Letramento
Copyright © 2021 by Olden Hugo

Diretor Editorial | Gustavo Abreu
Diretor Administrativo | Júnior Gaudereto
Diretor Financeiro | Cláudio Macedo
Logística | Vinícius Santiago
Comunicação e Marketing | Giulia Staar
Assistente Editorial | Matteos Moreno e Sarah Júlia Guerra
Designer Editorial | Gustavo Zeferino e Luís Otávio Ferreira
Ilustração da quarta capa | Cyntia Pinheiro
Imagem da capa | Mike Gorrell em Unsplash

Todos os direitos reservados.
Não é permitida a reprodução desta obra sem
aprovação do Grupo Editorial Letramento.

Dados Internacionais de Catalogação na Publicação (CIP) de acordo com ISBD

H895p	Hugo, Olden
	Para falar em público; 20 fundamentos da oratória / Olden Hugo ; ilustrado por Heitor Valentin. - Belo Horizonte : Letramento, 2021. 130 p. : il. ; 14cm x 21cm.
	Inclui bibliografia. ISBN: 978-65-5932-019-6
	1. Comunicação. 2. Oratória. 3. Falar em público. I. Valentin, Heitor. II. Título. III. Série.
2021-1483	CDD 302.2 CDU 316.77

Elaborado por Vagner Rodolfo da Silva - CRB-8/9410

Índice para catálogo sistemático:
1. Comunicação 302.2
2. Comunicação 316.77

Belo Horizonte - MG
Rua Magnólia, 1086
Bairro Caiçara
CEP 30770-020
Fone 31 3327-5771
contato@editoraletramento.com.br
editoraletramento.com.br
casadodireito.com

*Só pela palavra antifônica se podem resolver
as situações conflitantes
sem aniquilar fisicamente o adversário.*

Fiorin, 2016

SUMÁRIO

13	PREFÁCIO
18	APRESENTAÇÃO
20	AVISO PRÉVIO
23	**PARTE I** **20 FUNDAMENTOS DA ORATÓRIA**
25	1. FALAR PARA DUAS PESSOAS É O MESMO QUE FALAR PARA MIL PESSOAS
29	2. PARA VENCER O NERVOSISMO
33	3. NÃO DISPENSE OPORTUNIDADES DE FALAR EM PÚBLICO
35	4. IMPORTÂNCIA DA INTRODUÇÃO: CRÉDITOS, AGRADECIMENTOS, OBJETIVOS
38	5. FALAR DE IMPROVISO NÃO É FALAR SEM SE PREPARAR
41	6. NADA PODE CHAMAR MAIS ATENÇÃO DO QUE AQUILO QUE VOCÊ FALA
44	7. DEVO ME DIRIGIR AO AUDITÓRIO?
46	8. AVALIAR RISCOS E REDUZIR FALHAS
53	9. NARRATIVAS CURTAS
57	10. NÃO TERMINE FRASES OLHANDO PARA BAIXO

59	11. NÃO INICIE A FALA AFIRMANDO QUE O TEMA É CHATO, MAS NECESSÁRIO
61	12. SE PROMETER QUE PRECISA DE APENAS DEZ MINUTOS, NÃO FALE MAIS QUE ISSO
63	13. AS MELHORES PALAVRAS
68	14. UM TOQUE DE HUMOR
70	15. COMO SE DISCORDA
76	16. PARA APRESENTAÇÕES EM GRUPO
80	17. CONVENCER E PERSUADIR
83	18. O MELHOR ORADOR IRÁ FALHAR
86	19. A ORATÓRIA DA SEDUÇÃO
89	20. NUNCA DISCUTA COM IDIOTAS
91	**PARTE II**
93	ESTRATÉGIAS ARGUMENTATIVAS
112	COMO SE DEFENDER
117	NETIQUETA: CORTESIA NO AMBIENTE VIRTUAL
121	A MELHOR MANEIRA DE ESTUDAR
124	O QUE DIZER DEPOIS DE DIZER TUDO
128	REFERÊNCIAS

AGRADECIMENTOS

Agradeço à minha família, que toma amorosamente meus planos pessoais como a prioridade do universo.

Agradeço a Alfredo Costa, colega e amigo, que leu este livro antes mesmo do próprio autor. E a Alex Lara, colega e amigo, que contribuiu com uma crítica sincera e espontânea.

Sou grato a todos que contribuíram para a construção destas páginas, aqueles que fizeram perguntas em sala de aula, nas redes sociais, indicaram um livro, um ensinamento ou me deram um abraço.

Agradeço ao Instituto Federal do Norte de Minas Gerais, que cumpre o desejo mais antigo do país: "O Brasil precisa investir, em primeiro lugar, em Educação".

Obrigado a meus amigos-leitores, que tornam a vida melhor porque concretizam a afetividade que nos une como humanos.

PREFÁCIO

Por Alfredo Costa

Qual a melhor maneira de se demolir uma casa? Essa é uma história verídica. Imagine um sujeito que, embora tenha uma enorme coleção de vivências, nunca experienciou nada remotamente relacionado à construção civil que não fosse frequentar prédios ou assistir, de longe, a sua edificação. Esse sujeito vê-se diante de uma oportunidade ímpar de adquirir o terreno adjacente à sua casa e, com alguma negociação, expande seu domínio territorial de um para dois lotes. Cheio de planos para a criação de uma garagem e uma área de lazer, depara-se com um obstáculo: no terreno, há uma casa simples, de construção arcaica, que deveria ser removida dali para dar vazão aos seus sonhos. Corretamente, o proprietário contacta um pedreiro e lhe solicita um serviço de demolição. Os termos do contrato são acertados, e uma data é definida para a obliteração do casebre.

Mas as probabilidades não favorecem o contratante e, na data agendada, o pedreiro e seus ajudantes não comparecem à empreitada. Nem no dia seguinte. Nem na semana seguinte. Brasileiro que é, e ansioso para dar prosseguimento aos seus projetos, nosso herói decide que ele mesmo seria capaz de realizar tal façanha: já havia destruído pequenos e médios objetos, que desafio poderia ser um grande? Em um sábado de manhã, pega emprestadas algumas ferramentas com o vizinho e parte, como Davi diante de Golias, para a demolição do colosso.

Começou pela parte interna, e a primeira parede ruiu com facilidade. A segunda também. Marretada após marretada, as divisões da casa iam se transformando em entulho, e o intrépido demolidor já celebrava a economia da contratação dos profissionais. Talvez tivesse encontrado ali um novo ofício, quem poderia dizer? Quando a quinta parede foi ao chão, o serviço começou a dar sinais de que logo se findaria. Antes de partir para as externas, faltava uma, maior, que dividia transversalmente os espaços da casa em duas metades. Ele pensou: apenas mais essa e, depois, almoço! Iniciou o desmantelamento utilizando os mesmos movimentos que havia aprendido naquela manhã. Notou, contudo, que essa parede não reagia à sua fúria e entusiasmo igual às outras: ao invés de quebrar, balançava. Antes que pudesse avaliar cientificamente quais as consequências dessa novidade, a parede caiu por inteiro em sua direção. O barulho e a poeira, seguidos pelo silêncio do cessar das ferramentas, pressagiou o pior. Os vizinhos logo correram às portas e janelas em busca de explicações.

A verdade é que só não morreu porque, como um gato, conseguiu saltar para longe da área de maior impacto. O bom preparo físico não impediu, todavia, que a parede lhe atingisse a panturrilha, causando uma terrível fratura exposta. A notícia da sobrevivência deixou a rua em polvorosa, todos queriam detalhes sobre o ocorrido. Os bombeiros vieram para o resgate e, junto à equipe do Samu, lhe transportaram para o hospital, onde passou por cirurgia e precisou de parafusos e até de uma haste intramedular de titânio – o que quer que seja isso – para colocar tudo no lugar. Isso sem falar nos três meses de afastamento médico que foi obrigado a cumprir com intermináveis sessões de fisioterapia. Já em casa, em recuperação, telefonou ao pedreiro que havia contratado e lhe narrou a história, inclusive o fato de que a Defesa Civil ameaçou embargar qualquer obra no terreno caso a demolição não fosse terminada de maneira breve e responsável. Firmou-se novamente o compromisso pela empreitada.

No dia seguinte, contra todas as expectativas, lá estava o profissional assistido por dois auxiliares. Nosso aprendiz, agora bastante debilitado, fez questão de acompanhá-los para presenciar o inevitável e – supunha – violento fim do seu algoz. Esperava ver a edificação ruir em uma velocidade incrível, afinal, se havia derrubado meia casa em meio dia com uma marreta, o que seriam capazes três homens fortes munidos de equipamentos completos? Era o dia da vingança. Para a sua surpresa, nada do que havia aprendido parecia ser útil àqueles profissionais. Observou que a casa não foi demolida, mas sim desmontada, tijolo a tijolo, com técnica primorosa, sem barulho, sem poeira, sem violência. Para tudo havia método, para tudo havia preparo, embora nada precisasse ser dito. Durante três dias os homens trabalharam com paciência, e o que antes era casa passou a ser novamente um espaço de possibilidades. O conhecimento e a experiência, pensou, são realmente inexoráveis.

Soube dessa história pela boca do próprio sujeito, quando recebi um e-mail dele informando que, devido ao ocorrido e sua consequente hospitalização, precisaríamos reagendar alguns compromissos. Telefonei a ele para entender melhor o que havia acontecido e lhe desejar melhoras. Após me narrar toda a sua saga (a qual reproduzi acrescendo, em algumas lacunas, caprichos da minha imaginação), a primeira pergunta que lhe fiz foi: "camarada, me diga, o que você entendia sobre derrubar casas quando resolveu fazer isso?", ele me disse, "nada". Então perguntei: "e mesmo sem saber nada, você foi lá, sozinho?", ele me disse: "fui, não achei que pudesse ser algo complicado". Então encerrei: "mas antes de ir não teve nem a curiosidade de olhar na internet como se derruba uma casa? Nem um videozinho no YouTube?". Ele apenas riu. O que a experiência lhe tornou óbvio, à época, lhe era o mais completo mistério.

Talvez a grande lição que aprendi com esse inusitado acontecimento tenha sido que a falta de uma estratégia de ação pode prejudicar até os melhores entre nós. Devo assumir que o leitor que agora tem esse livro em mãos possui, de alguma maneira, o desejo de não cometer os mesmos erros de nossa desafortunada personagem em situações que lhe exijam falar em público. Sabemos que ao bom orador não basta apenas afiar a mente e exercitar a língua. Um bom orador se comunica com o corpo inteiro: motiva com as mãos, marca o ritmo com os passos, dá dicas com os olhos, envolve com sorrisos, anuncia pausas com a respiração, apura a abordagem com os ouvidos, enfim, conjuga uma série de comportamentos – natos ou aprendidos – para cativar o público e lhe transmitir uma mensagem. Mais do que isso: estuda, se organiza, pratica, erra e se reinventa. Dificilmente você conhecerá um bom orador de primeira viagem.

O meu amigo e professor Olden Hugo, que assina este livro, é possivelmente um dos melhores oradores que já conheci. Tem um estilo próprio muito distinto e frequentemente lembrado por quem já teve o privilégio de ouvi-lo. Eu mesmo já tive algumas oportunidades de dividir o palco da sala de aula com ele, e aprendi muito. Posso afirmar que esse livro contém a quintessência do que sabe e do que aprendeu não só como orador, mas como escritor e educador. Há aqui lições valiosas que vão desde a simples organização de uma fala pública, até conselhos sobre como vencer o complexo desafio do nervosismo e do medo do palco. São lições que, lidas separadamente ou em conjunto, oferecem ótimos e úteis insights a oradores iniciantes ou experientes.

Ao longo da leitura, ficará evidente que estudar as técnicas e aperfeiçoá-las por meio do treino, da prática e da experimentação é algo comprovadamente indispensável a quem deseja se comunicar bem publicamente, tal como os parafusos de um carro o são para que ele não se desmonte no meio de uma viagem. Porém, preciso ser honesto e deixar claro que, assim como os carros, entre os bons oradores há alguns que conseguem se diferenciar, não porque são extremamente técnicos, mas por buscarem ser fiéis às suas essências. Com a licença do quase imperdoável clichê, explico-me: muitos manuais de oratória e, mesmo aqueles sobre comportamento, trazem ao final de dezenas de páginas de orientações rigorosas o seguinte conselho: "Seja você mesmo". Por muito tempo isso me atormentou, ora, se me bastasse ser "eu mesmo", qual seria a utilidade desses manuais? Aliás, devo ousar: para quê ler este livro?

A verdade é que demorei pelo menos duas décadas para entender o valor dessa máxima, e para isso foi preciso assistir a uma conferência sobre ética e moral no cotidiano das pessoas proferida pelo Professor Clóvis de Barros Filho, quando ele ainda era professor da USP. À parte dos ensinamentos valiosos que oferece, há um trecho que me ficou marcado na memória: em resposta a uma senhora que o convida para dar uma palestra para pessoas idosas, mas solicita que na palestra não sejam proferidas palavras de baixo calão, ele responde que infelizmente teria que recusar o convite. Questionado sobre as razões, ele responde: "A senhora está pedindo pra que eu vá sem eu ir. Porque eu sou os meus valores. Então se eu for, eu vou junto comigo. Se eu não for, eu não vou". Valiosos os coloquialismos, a epifania que tive foi que "ser você" significa justamente não abrir mão dos seus valores, dos seus traços. E significa também descobrir sua persona, seu estilo próprio. E isso, caro leitor, é algo que definitivamente o professor Olden Hugo alcançou. Talvez a maior virtude desta obra esteja na generosidade do autor que, de maneira simples e elegante, nos guia por uma série de lições que apenas a experiência oferece.

Acredito, ao fim e ao cabo, que as técnicas apresentadas nessa obra, aliadas à constante prática, podem te ajudar a alcançar a melhor versão de si mesmo.

Boa leitura!

Pós-escrito: Que bem teria feito ao Olden se tivesse em mãos um livro como este, porém, sobre demolições, no momento em que adquiriu o lote ao lado de sua residência!

Alfredo Costa é Doutor em Geografia e Professor do Ensino Básico, Técnico e Tecnológico da Rede Federal de Ensino Público.

APRESENTAÇÃO

Antes de tudo, é preciso compreender que falar em público é materializar a nossa mais natural característica humana: (re)ligar-se ao *outro*.

A necessidade de interação é imanente ao homem, ser indiscutivelmente social. As relações diárias que mantemos dependem fundamentalmente de nossa habilidade para o convencimento e para a persuasão. Nossas atividades rotineiras e vitais estão diretamente ligadas às negociações que firmamos através da palavra que medeia nosso querer e o querer do outro. A formação da competência oratória se baseia não só em saber falar, mas também em saber ouvir, para que se dê uma resposta apropriada e para que o acordo se estabeleça entre os oradores.

Os objetivos deste livro se concentram em evidenciar técnicas de oralidade diante de uma assembleia e estratégias de convencimento e persuasão, necessárias em um diálogo no almoço com a família ou numa apresentação de trabalho acadêmico, numa conversa no bar ou num simpósio nacional. Serão discutidas técnicas mnemônicas e de organização do discurso bem como procedimentos adequados antes, durante uma preleção e após ela.

O sucesso maior das ideias aqui expostas será indicar os pontos básicos em que se deve apoiar aquele que precisa se pronunciar em uma reunião para fazer um apontamento importante ou mesmo quem assumiu a função de conduzir a discussão com outra pessoa ou outros milhares de pessoas. Argumentar se aprende, não se trata de uma questão de dom acessível apenas a poucos eleitos. Plantin (2008) disse seguramente que "Não basta saber falar para saber argumentar, são necessárias competências e um aprendizado específicos".

Argumentar se aprende e se aprimora continuamente. Este livro pode ser lido de ponta a ponta tanto quanto pode servir de manual para consultas específicas. Ele oferece aspectos de reflexão sobre interações humanas pela fala e igualmente aborda pontos práticos com abundância de detalhes. Se não for proveitoso por um lado, será por outro.

Em tempos de tantas pessoas autorizadas a *falar* sobre assuntos em que não são autoridades, a palavra escrita nas redes se confunde com o *status* da palavra dita. O valor das afirmações na tela é o mesmo das afirmações na fala? A palavra escrita e a palavra dita mantiveram seus valores ao longo dos anos na sociedade? Talvez refletir sobre a noção de que a certeza é a vestimenta da mentira seja um começo de respostas a essas questões. Habermas disse isso em outros termos, e tantos sensatos se deram o benefício da dúvida. Duvidar é preciso.

AVISO PRÉVIO

É bastante comum encontrarmos em circulação nas nossas comunidades a ideia de que vencer um debate é deixar o outro sem palavras, sem argumentos. Propaga-se e tem-se estabelecido concretamente o pensamento de que argumentar é derrotar por raciocínios e provas quem nos desafiou à deliberação.

Testemunhamos em época de eleições políticas o quanto as pessoas são motivadas menos por razão e humanidade e mais por paixão irrefletida e partidária. O resultado são agressões com palavras abrasivas, contendas, controvérsias cáusticas e mágoas entre pessoas familiares até. Alegações baixas em voz alta são demonstrações ostensivas de posturas egocêntricas e desumanas.

Devemos estar sóbrios em relação ao fato de que o uso da palavra sempre se justifica em ser dialógico. É preciso, acima de tudo, respeitar a humanidade em cada interlocutor que se faz próximo a nós. Nem sempre é possível ou necessário haver concordância entre todos que dialogam, mas nunca deve faltar consideração à igualdade que se derrama sobre todos os humanos.

Argumentar, convencer, persuadir não são fazer com que as pessoas façam aquilo que desejamos que elas façam, solapando as vontades individuais. O melhor uso da palavra é aquele que procura soluções a adversidades que atingem as pessoas, buscando resultados que tentem o bem a todos. Blaise Pascal se autoflagelava quando sentia prazer em uma conversa. Ele recusava, paradoxalmente, os prazeres e ganhos de estar com outros em diálogo. Sua ação radical faz confirmar nossa essência dialógica, interativa e social.

Mais difícil que derrotar o outro, em lado oposto, por argumentos convincentes e deixá-lo sem palavras é trazê-lo por uma argumentação respeitosa – e por sua própria decisão – para o mesmo lado do orador.

É sobre esses mecanismos humanos e humanizados de convencimento e persuasão, diante de um auditório constituído por uma pessoa ou por milhares delas, que trataremos ao longo deste livro.

PARTE I
20
FUNDAMENTOS
DA ORATÓRIA

1. FALAR PARA DUAS PESSOAS É O MESMO QUE FALAR PARA MIL PESSOAS

POR QUE FALAR PARA DUAS PESSOAS É O MESMO QUE FALAR PARA MIL PESSOAS?

Diante dessa questão, muitos julgam que se apresentar para um grupo reduzido de colegas bastante conhecidos será tarefa bem mais fácil que discursar para cinco mil espectadores estranhos. Parece verdade. No entanto, a regra de ouro, consensual entre todos que discutem oratória, é que falar para duas pessoas ou para dois milhões de pessoas requer o mesmo cuidado na preparação das ideias, no modo de dizer e na forma de conduta. O nível de dificuldade acaba se tornando uma questão alheia.

Quando falamos em público – na mesa do café da manhã em casa ou na conferência nacional representando nossa universidade – *falamos para pessoas*. Isso quer dizer que não importa o tamanho do auditório, mas as características humanas dele. Não falamos para uma turma nem para um grupo de alunos ou professores; não falamos para um conglomerado de ouvintes nem para um amontoado de gente; não falamos para um bando de cabeças, tampouco para uma sala cheia. Falamos para pessoas.

Cada um que nos ouve tem uma carga afetiva acumulada por experiências singulares durante seus anos de vida. Cada pessoa que nos dá seus ouvidos trouxe consigo um histórico de vivências que a construiu e a tornou alguém insólito. Todo aquele que está a nos ouvir consome conosco um bem imaterial de valor inestimável: seu tempo de vida. É preciso, portanto, considerar que esse tempo deve ser valorizado e que a humanidade em cada um requer um olhar especial quanto a sua emotividade e intelectualidade.

Não discursamos para um aglomerado no auditório, mas falamos aos ouvidos de Carlos, Mariana, José, Jorge, Érika, Priscila, Antônio e dialogamos com muitos fatos de vida que trazem no coração e nas memórias, na cognição e no intelecto.

Devemos tentar determinadamente alcançar, com nossas palavras, o afeto e a razão de quem nos ouve – ainda que sejam cinco mil pessoas – como se conversa com alguém que está sentado ao nosso lado direito.

FALAR PARA DUAS PESSOAS REQUER O MESMO ZELO DE FALAR PARA MIL PESSOAS, POIS FALAMOS NÃO PARA UM GRUPO, MAS AO CORAÇÃO E AO INTELECTO DE CADA OUVINTE.

Rubem Alves, em seu texto *Escutatória*, evidencia a importância que se deve dar aos valores do outro durante o diálogo:

Escutatória

Rubem Alves

Sempre vejo anunciados cursos de oratória. Nunca vi anunciado curso de escutatória. Todo mundo quer aprender a falar. Ninguém quer aprender a ouvir. Pensei em oferecer um curso de escutatória. Mas acho que ninguém vai se matricular.

Escutar é complicado e sutil. Diz o Alberto Caeiro que "não é bastante não ser cego para ver as árvores e as flores. É preciso também não ter filosofia nenhuma". Para ver é preciso que a cabeça esteja vazia.

Parafraseio o Alberto Caeiro: "Não é bastante ter ouvidos para se ouvir o que é dito. É preciso também que haja silêncio dentro da alma". Daí a dificuldade: a gente não aguenta ouvir o que o outro diz sem logo dar um palpite melhor, sem misturar o que ele diz com aquilo que a gente tem a dizer. Como se aquilo que ele diz não fosse digno de descansada consideração e precisasse ser complementado por aquilo que a gente tem a dizer, que é muito melhor. Nossa incapacidade de ouvir é a manifestação mais constante e sutil de nossa arrogância e vaidade: no fundo, somos os mais bonitos.

Tenho um velho amigo, Jovelino, que se mudou para os Estados Unidos, estimulado pela revolução de 64. Pastor protestante (não "evangélico"), foi trabalhar num programa educacional da Igreja Presbiteriana USA, voltado para minorias. Contou-me de sua experiência com os índios. As reuniões são estranhas. Reunidos os participantes, ninguém fala. Há um longo, longo silêncio. Aí, de repente, alguém fala. Curto. Todos ouvem. Terminada a fala, novo silêncio.

Falar logo em seguida seria um grande desrespeito. Pois o outro falou os seus pensamentos, pensamentos que julgava essenciais. Sendo dele, os pensamentos não são meus. São-me estranhos. Comida que é preciso digerir. Digerir leva tempo. **É** preciso tempo para entender o que o outro falou. Se falo logo a seguir, são duas as possibilidades. Primeira: "Fiquei em silêncio só por delicadeza. Na verdade, não ouvi o que você falou. Enquanto você falava, eu pensava nas coisas que eu iria falar quando você terminasse sua (tola) fala. Falo como se você não tivesse falado." Segunda: "Ouvi o que você falou. Mas isso que você falou como novidade eu já pensei há muito tempo. É coisa velha para mim. Tanto que nem preciso pensar sobre o que você falou."

Em ambos os casos estou chamando o outro de tolo. O que é pior que uma bofetada. O longo silêncio quer dizer: "Estou ponderando cuidadosamente tudo aquilo que você falou." E assim vai a reunião.

Não basta o silêncio de fora. É preciso silêncio dentro. Ausência de pensamentos. E aí, quando se faz o silêncio dentro, a gente começa a ouvir coisas que não ouvia. Eu comecei a ouvir. Fernando Pessoa conhecia a experiência, e se referia a algo que se ouve nos interstícios das palavras, no lugar onde não há palavras. Daí a importância de saber ouvir os outros: a beleza mora lá também. Comunhão é quando a beleza do outro e a beleza da gente se juntam num contraponto.

Disponível em: < https://rubemalvesdois.wordpress.com/2009/07/22/escutatoria/>.
Acesso: 18 de novembro de 2018 (adaptado).

Nas palavras de Rubem Alves, arquitetadas com sabedoria e linguagem poética, podemos nos localizar na sociedade que tantas vezes deixa de considerar a humanidade do outro. Considera-se, algumas vezes, que o melhor professor é aquele que tem a resposta na ponta da língua ou que o verdadeiro padre ou pastor diz exatamente aquilo que precisamos ouvir numa situação turbulenta. Mas todos os problemas são iguais? Todas as perguntas são primárias e bobas? É, de fato, negativo ter que calar-se diante de uma questão singular? Refletir sobre a condição do outro é fator fundamental para alcançar a essência do auditório. Oradores arrogantes desejam ter em si mesmos as respostas para todas as perguntas. A resposta pode estar no outro.

2. PARA VENCER O NERVOSISMO

COMO VENCER O NERVOSISMO?

Em primeiro lugar, necessitamos refletir acerca do que nos deixa nervosos diante da oportunidade de falar em público. Seja por timidez, vergonha da própria voz, baixa autoestima, medo da reação do auditório, o resultado é um nervosismo que desvia o foco da discussão. Ainda uma outra causa de nervosismo possa vir a ser uma experiência negativa anterior que houve em um auditório que estava a ouvir. É óbvio que situações traumáticas que nos incapacitam quanto à fala em público necessitam de acompanhamento profissional como de psicólogos ou psiquiatras. Esses profissionais contribuem basilarmente em situações traumáticas, mas também nos proporcionam um maior conhecimento de nós mesmos, ainda que não estejamos em quadros patológicos.

Alguns oradores pouco experientes lançam mão de medicações ou outras substâncias de efeitos ansiolíticos, calmantes ou tranquilizantes. Isso é altamente condenável por adicionar (mais) um elemento que não está ao controle do orador. A memória e o raciocínio podem ser deficitados bem como a capacidade de transmitir entusiasmo na fala.

Um motivo justo para ficarmos tensos e preocupados é não nos sentirmos seguros quanto ao tema que vamos expor e examinar. É óbvia a conduta de que devemos ter domínio do conteúdo sobre o qual nos dispusemos a falar, mas nem todos empregam técnicas eficientes para estudar com qualidade um tema.

A seção "A melhor maneira de estudar", na parte II, trata mais detidamente sobre técnicas para um estudo eficaz, mas teremos aqui pontos específicos importantes no combate ao nervosismo causado por uma má preparação do conteúdo. É preciso estar atento a cinco aspectos importantes:

> 1. Fale diante de um espelho.
> 2. Grave e ouça.
> 3. Faça vídeos.
> 4. Monte uma banca virtual.
> 5. Tenha oradores como referência.

O primeiro aspecto é antigo e eficiente, largamente utilizado, com satisfação, por muitos. Falar diante do espelho nos permite observar muitos trejeitos de voz, muitos cacoetes das mãos, do rosto e da linguagem; permite também observar nossa roupa, nossa movimentação geral, nossa postura corporal, de modo a construir nossa identidade como oradores. É um recurso interessante para corrigirmos esses tipos de falhas, mas precisa estar aliado a outros recursos para ser mais eficaz.

O segundo aspecto é bastante acessível bem como o terceiro, visto que o celular nas mãos de cada um de nós oferece ferramentas avançadas para tais tarefas. Gravar e ouvir permite revisar o texto oral, suprimindo ou acrescentando trechos, identificando aqueles cacoetes de linguagem, como o espelho não é capaz de fazer. A impostação vocal pode ser verificada pelas gravações assim como é possível detectar partes que precisam de mais ênfase na voz ou na modulação e mudança de tom. Além de todas essas vantagens, gravar e ouvir repetidas vezes a cada reformulação e reforma nos tornam cada vez mais familiares ao discurso e ao tema. A feliz consequência é nos sentirmos seguros por termos espontânea a fala em nossa memória, podendo até mesmo improvisar, durante o discurso, sobre a base que memorizamos.

Fazer vídeos é uma versão modernizada da antiga técnica de falar diante de um espelho. Ambas as técnicas nos oferecem lucros, mas gravar vídeos tem a grande vantagem de pausar e voltar, o que rende uma observação mais particularizada e minuciosa. Através dos vídeos, é possível observarmos a postura corporal e também revisarmos o texto. Além disso, podemos guardar todas as gravações para registrarmos nossa evolução.

Após todos esses recursos, é fundamental e extremamente importante que se monte uma banca virtual antes do evento real. A banca virtual é um mecanismo muitíssimo eficaz no processo de preparação, pois consiste em simular com amigos, colegas ou familiares a banca ou o público que formará o auditório no evento de fato. Essa banca nos dará diversas opiniões e sugestões acerca da abordagem do tema, da conduta na exposição, da linguagem empenhada e de tantos outros fatores singulares em cada apresentação. É muito importante pontuar o fato de que tal banca atuará no fornecimento de sugestões que serão avaliadas pelo orador, que conhece bem seu público e tem maior noção dos próprios limites e virtudes. As críticas da banca não serão soberanas, mas o orador humilde se valerá bem delas para sua formação.

Outra causa justa de nervosismo é não estarmos com prazo e logística adequados à realização daquele evento ou acontecimento. A falta de tempo hábil ou de estrutura a favor inviabiliza tanto uma palestra com longa plateia quanto um colóquio com um amigo ou uma entrevista com um recrutador empresarial. Se, inesperadamente, um garoto ou garota se vê numa ocasião oportuna à conquista da pessoa que lhe despertou o interesse, sem, entretanto, ter tido tempo para preparar uma fala, ou mesmo o cabelo ou a roupa mais propícia, pode haver palavras ou gestos sem sucesso, improdutivos ou mesmo desastrosos, quando, na verdade, deveriam conduzir à espontaneidade seguinte.

Um ato fundamental contra essa causa de nervosismo é jamais deixar a preparação para o último prazo. Pensar o tema muito antes do evento oportuniza reflexões imprevistas e não convencionais, antecipa questões dos interlocutores, favorece a busca por respostas. É bem importante, no dia do evento, não chegar em cima da hora. Estar no local da apresentação antecipadamente permite conferir os equipamentos, ter tempo hábil para corrigir possíveis falhas, familiarizar-se com a iluminação e audiência do ambiente e mesmo respirar com tranquilidade antes de iniciar a fala.

O nervosismo não é sempre negativo. Alguma ansiedade representa diligência e lisura quanto aos compromissos que assumimos. É comum ouvirmos de músicos de extensa carreira que, no dia em que deixarem de ficar nervosos diante do público, é chegada a hora de parar. Uma ação fundamental é aprender com quem se dedicou ao aperfeiçoamento dos mecanismos da oratória. Ter bons oradores como referenciais contribui para selecionarmos estratégias que deram certo. Essa atitude não representa a perda de nossa identidade ou de nosso estilo especial, mas, ao contrário, uma forma de nos compormos como oradores resultados de uma formação que observa e reflete sobre posturas positivas. Os gregos antigos ou os oradores aclamados nos vídeos postados hoje têm muito a oferecer. Colegas de trabalho ou familiares podem nos oferecer, em seu comportamento, modos de agir pela fala que possivelmente auxiliam na composição de estratégias de comunicação. É preciso observar nossas interações. As pessoas se seduzem, ininterruptamente, empregando palavras.

De toda maneira, a prática da interação pela fala em público, com orientações em seus preceitos básicos, é continuamente um ensejo para aprimorar essa habilidade e nos sentirmos confiantes ao evitar nossos erros que já conhecemos. Então, não devemos dispensar oportunidades de falar em público.

O NERVOSISMO NÃO É SEMPRE NEGATIVO. ALGUMA ANSIEDADE REPRESENTA DILIGÊNCIA E LISURA QUANTO AOS COMPROMISSOS QUE ASSUMIMOS.

3. NÃO DISPENSE OPORTUNIDADES DE FALAR EM PÚBLICO

Os diálogos diuturnos que estabelecemos com todos que estão em nosso entorno são sempre espaços para fazer avançar nossa capacidade de interação. Quando falamos com nossos pais sobre nossas decisões profissionais ou quando abordamos os filhos acerca de suas preferências alimentares, estamos praticando negociações pela palavra bem como exercitando nossas habilidades de persuasão e convencimento. É também pelo diálogo, pela controvérsia salubre que aprimoramos nossa argumentação, ampliamos nosso repertório argumentativo e entendemos melhor as estratégias e características dos debates.

Muitas pessoas tendem a não aceitar o pedido de dar um comunicado ainda que rápido a um auditório, seja a assembleia em uma igreja ou as turmas de alunos novatos em uma escola ou universidade. Em geral, as pessoas que declinam do convite afirmam que são tímidas e que a tarefa deve ser repassada a alguém mais falante. Todavia, mesmo que a pessoa seja, de fato, tímida, ela não deve dispensar essa oportunidade de falar em público, visto que poderá conhecer características de sua própria atuação e aprenderá com possíveis erros que serão policiados na próxima fala.

A cada desempenho, seremos oradores melhores. Um debate em grupo nos proporciona refletir sobre posicionamentos contrários aos nossos e preparar uma refutação. Uma conversa com o namorado ou com a noiva nos possibilita entender os motivos dos outros e nos colocar, com altruísmo, no lugar que ocupam. Uma fala de dez minutos na empresa ou na igreja oportuniza a reflexão sobre nossa postura ao expor ideias, sobre a escolha das palavras e sobre o tom de voz.

É preciso fazer de cada oportunidade de falar em público uma ocasião para aperfeiçoar nossas competências de bons oradores.

> **É TAMBÉM PELO DIÁLOGO, PELA CONTROVÉRSIA SALUBRE QUE APRIMORAMOS NOSSA ARGUMENTAÇÃO, AMPLIAMOS NOSSO REPERTÓRIO ARGUMENTATIVO E ENTENDEMOS MELHOR AS ESTRATÉGIAS E CARACTERÍSTICAS DOS DEBATES.**

4. IMPORTÂNCIA DA INTRODUÇÃO: CRÉDITOS, AGRADECIMENTOS, OBJETIVOS

Já foi dito que a regra de ouro da oratória é colocar acima do número de ouvintes em um auditório a humanidade de cada um deles. Muitas pessoas não se esquecem de cumprimentar a assembleia como ato primeiro de seu discurso, mas o fazem de maneira rápida, já emendada ao início da abordagem do tema. Isso leva à formatação do cumprimento como um protocolo maquinal, automatizado e compulsório. Cumprimentou-se apenas por uma formalidade ou tradição, e não pela importância da pessoa presente no outro.

A real saudação, aquela que valoriza quem nos ouve, deve ser feita olhando nos olhos da assembleia e aguardando a retribuição do cumprimento. Não é humano dizer "Bom dia. O tema de hoje é...". Aguardar a resposta do público à nossa saudação faz parte dos primeiros vínculos que se formam entre orador e ouvintes.

Não preconizar essa regra de ouro gerou em tantos eventos um distanciamento do auditório em relação ao orador; pior que isso, o cumprimento artificial desestimula o tratamento humanizado, a educação e a empatia, formando o hábito do silêncio diante do "bom dia" do palestrante. Do mesmo modo como aguardamos correspondência ao saudar colegas nos corredores da empresa ou vizinhos nas ruas do bairro, é fundamental cumprimentar os ouvintes, olhando nos olhos, e aguardar a retribuição do cumprimento. Não se trata de uma questão de protocolo ou tradição, mas de uma cortesia elementar entre pessoas. Devemos manter, estimular e incentivar essa cordialidade.

Além disso, faz-se fundamental reconhecer que os méritos não são todos do palestrante. Devemos agradecer a quem nos deu a oportunidade de falar, por nosso posicionamento e visão, quando outros poderiam ter sido escolhidos. É necessário agradecer a QUEM proporcionou os recursos básicos que fazem com que o evento seja possível, desde o capital envolvido até o copo com água, sobre o púlpito, que está a servir o orador. É preciso agradecer a QUEM está a destinar um tempo de sua vida a nos ouvir.

E não se pode esquecer de citar as pessoas que pensaram o tema antes de nós, a quem somos tributários em leituras, reflexões e soluções encontradas em anos dedicados ao estudo do assunto. Os livros e textos usados como pesquisa devem ser mencionados, os vídeos e os pensamentos precisam ser atribuídos a quem os gestou, não apenas por uma questão de direitos autorais, mas por reconhecimento do esforço de quem se debruçou sobre o tema para oferecer possibilidades de ponderações.

Ainda na introdução, após os cumprimentos e agradecimentos, espera-se que o orador deixe claros os objetivos da fala. Os ouvintes devem estar a par do que irá acontecer para verificarem se seus anseios poderão ser satisfeitos quanto à utilidade da discussão. Nisso, o palestrante deve estar atento ao que efetivamente pode cumprir da lista que prometeu executar. A assembleia poderá atuar também com um olhar fiscalizador dos itens enumerados. Portanto, se foi prometido analisar, que se analise; se foi prometido apresentar propostas de resolução, que se apresentem. Deve-se desenhar um roteiro básico do que será o evento, quais serão os ganhos e benefícios do público, o que pode ser também uma oportunidade de se estabelecer o suspense motivador no auditório quanto a algumas reflexões que serão feitas.

> **Do mesmo modo como aguardamos correspondência ao saudar colegas nos corredores da empresa ou vizinhos nas ruas do bairro, é fundamental cumprimentar os ouvintes, olhando nos olhos, e aguardar a retribuição do cumprimento.**

5. FALAR DE IMPROVISO NÃO É FALAR SEM SE PREPARAR

O paradoxo dessa afirmação é evidente: improvisar é executar ações sem organização prévia; logo, não há como preparar um improviso. Contudo, nos termos da oratória, costuma-se falar em preparar-se *para* o improviso. É muito provável que o microfone sem fio pare em suas mãos independentemente da cadeira em que você se sente no espaçoso auditório. É bom ter algo a dizer.

Normalmente, quando se recebe um emeio de chamado para uma reunião, a atitude do recebedor é a de focar informações como data, horário e local. O orador competente vai além: ele se certifica da totalidade dos dados que tem em mãos. Em um emeio de convocação haverá muitos dados relevantes a serem examinados pelo recebedor. Sem dúvida, a pauta da reunião, a lista de assuntos a serem tratados ou o tema geral ou mais relevante irá aparecer. Quem vai presidir a reunião assim como todos os convocados também serão dados verificáveis. Todas essas informações, aparentemente superficiais, precisam ser empregadas de maneira favorável.

Como já temos consciênciada pauta, normalmente um tema com o qual convivemos na empresa ou na comunidade, podemos mobilizar conhecimentos prévios, evocar discussões anteriores no grupo, acessar documentos já construídos (como atas e relatos) e até mesmo experiências pessoais pelas quais já passamos. Também se sabe o nome do presidente da reunião, que pode ser alguém cujas ideias ou posicionamentos acerca do tema são divulgados ou previsíveis. Além disso, pode-se já conhecer os convocados para a reunião, habitualmente colegas de trabalho ou de comunidade, cujas preferências são demonstradas na convivência. Se houver um convidado especial, pode-se pesquisar rapidamente sua atuação.

Em posse de todas essas informações, é bem possível formular previamente um pequeno texto oral caso o condutor da discussão se refira a nós, dizendo "O que você pensa sobre isso?". A resposta mais bem elaborada, com questões bem ponderadas elevará o nível da discussão e agradará a quem a preside e aos demais participantes, que talvez não se prepararam para um comentário repentino.

Se houver um convite para assistir a uma palestra, para participar de um debate ouvir uma exposição, será sempre recomendável reunir informações prévias sobre o evento. É preciso ter algo a dizer. Mesmo uma reunião com amigos em um bar pode ser enriquecida com uma lembrança ou questão previamente formulada, diante da qual nossos amigos mais singulares terão respostas especiais.

Em uma fala de improviso, pode-se pensar em um possível roteiro:

1. Se for oportuno, liste no papel ou celular dois ou três tópicos, argumentos ou palavras-chave.
2. Elabore uma questão que evidencie um problema relevante para o qual você já elaborou proposta de resolução.
3. Cumprimente a todos, agradeça pelo convite, se for o caso.
4. Fale sobre os tópicos ou argumentos seguindo uma hierarquia.
5. Pode-se propor uma questão para que o grupo reflita e delibere soluções.
6. Agradeça pela atenção recebida.

Algo que ajuda bastante na condução de uma fala improvisada é buscar muito mais contribuir com a discussão do que enaltecer a própria imagem de orador e quando não houver nada a dizer é melhor não dizer nada.

6. NADA PODE CHAMAR MAIS ATENÇÃO DO QUE AQUILO QUE VOCÊ FALA

Quando nos dispomos a falar em público, devemos sempre estar sóbrios quanto ao fato de que não somos o foco das atenções, mas o tema e sua abordagem é que têm esse lugar focal. Devemos nos esforçar para que as reflexões sejam produtivas e férteis, o que não anula a possibilidade de imprimirmos nelas os contributos de nossas personalidades e preferências. Podemos abordar de maneira enriquecedora o tema sem que seja uma forma exclusiva de autopromoção, mas não devemos abrir mão de nossas individualidades.

Algumas recomendações são consensuais entre os oradores:

I. Não mantenha uma única posição das pernas como apoio durante o tempo de fala e procure não deixá-las muito abertas nem muito fechadas.

II. Movimente-se com tranquilidade durante o discurso. Após ficar imóvel, passos lateralizados podem ajudar na ideia de oposição "por outro lado...". Da mesma forma, um passo adiante ou atrás pode ser muito significativo em conjunto com a fala.

III. Não mantenha, por muito tempo, as mãos na cintura ou nos bolsos como se fosse fotografar para um *book* de formatura.
IV. Procure não escorar em móveis do ambiente, não se sente nas mesas nem se apoie no púlpito como alguém que se apoia no balcão de um bar para pedir uma cerveja.
V. Evite permanecer de braços cruzados no peito ou nas costas. Isso pode indicar que você não está aberto ao diálogo ou a perguntas. Além disso, os braços devem estar livres para os gestos que ilustram.
VI. Os gestos devem ser recursos ancilares, ou seja, as mãos devem estar a serviço das ideias. Pensamentos de força ou de amplitude, de continuidade e de sequência, de crescimento ou interrupção podem ser ilustrados pelas mãos.
VII. Segurar objetos como passador de eslaides, uma caneta, uma pequena ficha com alguns dados pode evitar gestos inadequados ou disfarçar alguma possível ansiedade.
VIII. Se for necessário o uso de um celular para leitura, certifique-se de que **não** há no verso dele alguma mensagem ou figura que possa desviar a atenção dos ouvintes.
IX. Não se posicione diante da assembleia com um aglomerado de folhas soltas e amassadas. Leve o mínimo de anotações em dimensões discretas.
X. Não tenha, no momento da apresentação, objetos que não irá usar, como fones de ouvido pendurados nos ombros ou chaveiros volumosos sobrando dos bolsos da calça.
XI. Não se curve para alcançar o microfone, ao contrário leve-o à boca se não estiver em um pedestal. Se estiver, posicione-o com os recursos de regulagem e não force as articulações do pedestal sem antes afrouxá-las, evitando assim danificar o aparelho.

XII. As roupas devem ser adequadas à situação e harmônicas com o evento. Apresentadores em grupo podem entrar em acordo quanto a roupas de mesmo estilo. É bom ensaiar com o traje que será usado no dia da apresentação, testando movimentos e possibilidades e se habituando. Não é demais trazer uma roupa reserva para o caso de algum imprevisto.

> **DEVEMOS NOS ESFORÇAR PARA QUE AS REFLEXÕES SEJAM PRODUTIVAS E FÉRTEIS, O QUE NÃO ANULA A POSSIBILIDADE DE IMPRIMIRMOS NELAS OS CONTRIBUTOS DE NOSSAS PERSONALIDADES E PREFERÊNCIAS.**

7. DEVO ME DIRIGIR AO AUDITÓRIO?

Alguns gêneros de apresentação têm a referência ao público taxativamente proibida em seus protocolos e estruturas. Não é habitual que alguém que defenda uma tese de doutorado o faça dialogando com aqueles que o assistem, até mesmo por que a assembleia não pode opinar, criticar, sair em defesa do doutorando nem fazer perguntas, configuração diferente de uma aula ou palestra, por exemplo. Em outros gêneros, como a homilia ou a pregação, o diálogo com o auditório é muito bem-vindo e poderá estreitar as relações entre orador e ouvintes.

Muitos de nós ficamos impressionados com o fato de que um orador desconhecido ou alheio à realidade da nossa empresa ou comunidade se mostre um conhecedor intenso das especificidades do nosso dia a dia em equipe. Ficamos perplexos com o mistério de um palestrante do sul do país saber dos detalhes da realidade de nosso município interiorano no nordeste. Perguntamos a nós mesmos – enquanto curiosidades especiais da nossa comunidade são listadas na palestra – como aquele orador soube da nossa rotina. De que forma conheceu nossos processos de produção como se trabalhasse aqui conosco? Como consegue falar com tanta naturalidade sobre as estratégias que desenvolvemos aqui?

O que esses oradores fazem é empregar uma técnica muito eficaz. Eles se esforçam maximamente para estar no local da apresentação com uma larga antecedência. Não fazem isso apenas para montar equipamentos ou para ajustar os últimos detalhes da fala, mas para conversar com aqueles que se sentam nas primeiras filas ou com os que se aproximam do bebedouro, ou com os que calibram o projetor, ou ainda com quantos passem pela porta de entrada antes da palestra. Dessa forma, dados preciosos e singulares são colhidos para serem usados com precisão e veracidade durante a fala. Os ouvintes irão confirmar as ideias e se sentirão parte protagonista das palavras. Alguém pode até aceitar com naturalidade o convite para um comentário rápido ou depoimento curto.

O orador estará mais próximo de seu público se empregar essa técnica. Será mais verdadeiro em suas reflexões se conhecer particularidades do seu auditório. É necessário que o apresentador colha, junto de quem o convidou ou contratou, informações bastantes sobre o público. Ainda assim, o contato com a assembleia antes da palestra é muito importante.

Outras recomendações para abordar o público durante a fala podem ser elencadas:

1. Faça perguntas à assembleia, pedindo que não respondam em viva-voz, mas que reflitam sobre o problema; depois, apresente possibilidades de soluções para aquelas questões propostas.
2. Elabore narrativas curtas acerca de fatos que possivelmente ocorrem com o público.
3. Perguntas de respostas menos complexas são úteis para levar o público a participar em voz alta.
4. É também produtivo pedir que levantem as mãos aqueles que gostariam de responder.
5. Muitos ouvintes não se sentem confortáveis diante do recurso que pede à assembleia "Vira para seu colega do lado e diz...". Não abuse dessa técnica.
6. Não continue a falar se houver uma distração generalizada sem se importar se o público presta ou não atenção.
7. Jamais inicie uma "briga" com integrantes da plateia, espectadores ou avaliadores. Todos os pontos discordantes devem ser tratados com equilíbrio.
8. Com cortesia, peça que o público se aproxime para evitar pessoas espalhadas em grandes ambientes.

8. AVALIAR RISCOS E REDUZIR FALHAS

Muitas coisas podem não dar certo durante a apresentação: o trânsito pode provocar atrasos, o computador pode travar, os cabos do projetor talvez falhem, pode haver lapsos de memória. É necessário estar preparado para possíveis falhas. Algumas recomendações importantes são:

I. TENHA UM ROTEIRO (DIGITAL E IMPRESSO).

Não é vergonha fazer uso de anotações durante uma apresentação. Excelentes discursos seguem guias para refletir sobre ideias. Não é a capacidade de memorização que está sendo avaliada, mas a competência quanto à análise de dados e fatos. Um roteiro na tela para todos ou na palma da mão do orador evita esquecimentos e auxilia na ordem lógica das ideias e na evolução dos raciocínios. Não ter recursos de reação diante de esquecimentos, que são muito comuns, pode desestabilizar o orador e gerar nervosismo. Se "der um branco", algo absolutamente normal, o roteiro pode deixar a situação muito natural e livrar o orador de ficar desconcertado.

II. SEJA NATURAL DIANTE DE UM ERRO.

Caso haja algum equívoco, como um eslaide desconfigurado ou um engano de conceitos, mencione isso com naturalidade e proponha adequações. Pode-se perder a confiança do público se houver a tentativa de ocultar um erro. Os ouvintes podem se sentir menosprezados em sua competência se forem levados a aceitar forçadamente um equívoco. É possível mesmo que não haja mais segurança nas palavras seguintes de um orador que não corrigiu erros anteriores. A confiança do auditório será retomada naturalmente se os problemas forem apontados com espontaneidade e corrigidos de imediato.

III. TENHA UM PLANO "B".

Trazer o trabalho impresso pode ajudar caso haja problemas nos equipamentos eletrônicos. Ter o arquivo salvo em vários dispositivos, dispor de equipamentos de reposição, visitar o local de apresentação com antecedência proporcionam preparação para prováveis imprevistos. Prepare um relato bem organizado e detalhado sobre um vídeo caso ele não abra. Pense em diferentes estratégias.

IV. TESTE O MICROFONE.

O microfone é um excelente recurso para potencializar a diversidade de tonalidades que podemos imprimir à voz. Ele é imprescindível em muitos casos em que vai haver abuso vocal pela quantidade de ouvintes ou pelo ambiente ruidoso, algo bastante insalubre. O uso do microfone exige cuidados como **nunca bater para testar**, pois nem todos são resistentes a impactos, e podem ser danificadas algumas peças mais frágeis, além de poder representar um ato de descortesia para com o ouvinte. Em eventos com tradução simultânea, esses ruídos podem ser ainda mais desconfortáveis nos fones de ouvido dos participantes. **Não sopre o microfone** em teste por uma questão de higiene e por gerar sons inadequados, deslocados ou incompatíveis com a situação. Verifique o funcionamento do microfone falando nele palavras de teste, antes que o público chegue ao auditório. Ao segurar o microfone, não toque no bojo, pois isso pode interferir na frequência dos sons. Algumas pessoas recusam o microfone e costumam dizer, já em abuso vocal, "Estão me ouvindo bem aí atrás?". Os microfones evitam esse uso inadequado da voz e proporcionam maior clareza aos ouvintes. Em determinados ambientes e com certa quantidade de pessoas, o microfone é necessário.

V. CONHEÇA A SUA VOZ.

É essencial saber dos recursos de que sua voz dispõe. É essencial saber como ela reage a diversos ambientes, a tempo e temperaturas. Antes de tudo, profissionais da voz como professores de canto e fonoaudiólogos precisam ser consultados. Eles dirão quais são os cuidados necessários quanto a aquecimento e arrefecimento vocal, alongamentos, alimentação, impostação e dirão também quais possibilidades sua voz oferece, como a diversidade de timbres e a entonação. Um exercício prático, simples e fácil é ler textos em viva-voz, em um momento privado e particular, buscando imprimir à leitura variadas emoções, ênfases diferentes, alternando com silêncio, conhecendo e se familiarizando com a própria voz.

VI. CRIE UMA TELA DE INÍCIO ADEQUADA.

Se forem empregados eslaides, durante o tempo de perguntas ou comentários, não deixe expostos na tela arquivos do computador que não estão relacionados ao tema, como sua área de trabalho ou todos os títulos dos arquivos de uma pasta. Pode haver documentos pessoais que desviem a atenção dos ouvintes. O ideal é deixar o título do trabalho junto de uma imagem relacionada, frase representativa das ideias principais ou voltar à própria tela inicial por exemplo.

VII. PRODUZA ESLAIDES HOMOGÊNEOS.

Caso seja utilizado o recurso do projetor para eslaides, é bom que eles tenham formatação justificada, tipo de fonte padrão; tamanho das letras uniforme, cores discretas, uso regrado de fotos, figuras e vídeos. Alguns eslaides servem apenas de tópicos de discussão, como um lembrete ao orador visível a todos os espectadores. Outros eslaides são de reprodução de textos que devem ser divididos em pequenas porções para evitar telas cheias. As pessoas leem mais rápido do que falamos. Eslaides com muito texto deixam a plateia confusa, e devem ser evitados. Numerar os eslaides ajuda muito na localização de aspectos específicos, tanto ao palestrante quanto aos ouvintes. É negativo o hábito de mostrar trechos de textos na tela sem lê-los, pois a assembleia fica dividida entre a ler ou ouvir o apresentador.

VIII. REVISE O TEXTO E OS ESLAIDES.

Muita gente pensa que revisar o texto é lê-lo novamente do início ao fim, mas, se você fizer isso, muitos problemas podem passar despercebidos. Revisar o texto é fazer várias leituras rápidas, buscando erros específicos que você, que se conhece, sabe que são mais prováveis de acontecer. Em várias leituras, busque esses problemas especificamente (só regência, depois só concordância, só conectivos etc.) Assim, a eliminação dos erros será bem mais eficaz. Peça a um colega que revise seu trabalho, pois um outro olhar é necessário para perceber erros que o olhar do autor não percebeu. Busque ajuda de especialistas em revisão textual e de conteúdo específico. O ensaio da apresentação também pode ser uma boa ocasião para revisar o texto.

IX. NÃO OBSTRUA A PROJEÇÃO NA TELA.

Andar na frente dos eslaides enquanto falamos é uma atitude evitável e até reprovável. Passar várias vezes na frente da tela pode trazer alguns inconvenientes como dificultar a leitura dos espectadores que desejam ler novamente o texto ou não conseguiram ler antes. Além disso, palavras se destacam inadvertidamente quando projetadas no corpo do orador, partidas em sílabas aleatórias, formando novos significados, posicionando-se em partes íntimas, num conjunto de fatos que fogem do controle e planejamento do apresentador. Outro ato condenável é tocar ou empurrar telas feitas de material flexível, gerando ondas na projeção, o que pode causar desconforto na visão dos espectadores. Usar uma caneta de laser ajuda a evitar problemas assim.

X. FAÇA UM FIM DEFINITIVO.

É apropriado deixar claro que aquela mostra de slides se encerrou, o que geralmente ocorre junto com o fim da apresentação como um todo. Isso pode ser feito com uma frase significativa na discussão, como "As pessoas geralmente brigam porque não conseguem argumentar (Gilbert k. Chesterton)", ou simplesmente por uma expressão de despedida, como "Obrigado pela atenção!", "Bons estudos!", "Bom trabalho!", "Boa noite!". Se não empregar eslaides, demonstre pelo tom de voz e por uma expressão curta que sua exposição terminou. É desconcertante ver os fins indefinidos em que os palestrantes usam frases vagas que parecem pedir mais outra e outra frase que finalize de fato, enquanto o auditório não sabe se já é hora de aplaudir.

XI. TOQUE COM A MESMA PARTITURA DO ENSAIO

Há entre os músicos o consenso de que se deve ensaiar com a mesma configuração do concerto que será executado: a mesma posição no palco, os instrumentos que serão utilizados, os mesmos equipamentos e partituras. Caso se use uma partitura no ensaio e outra na apresentação efetiva, anotações pessoais podem se perder, as frases podem estar em páginas de formatação distinta, erros e enganos podem ser induzidos. Assim, quem prepara uma apresentação oral deve ensaiar com as mesmas anotações pessoais que serão empregadas no dia da fala. A mesma mostra de eslaides da apresentação precisa ser lida no ensaio e até a roupa deve ser vestida e verificada em uma simulação.

XII. NÃO HÁ RESPOSTAS PARA TODAS AS PERGUNTAS.

Exponha seguramente os raciocínios e mostre que algumas questões são incógnitas e não falta de preparo ou insegurança. Não é necessário responder a todas as perguntas se não há convicção para tanto. O gesto mais sensato é colocar-se à disposição através de algum contato profissional para uma resposta posterior após pesquisa mais específica. Não deve haver embaraço em retardar uma resposta nem frustração por não ter respondido a todas as questões. As ciências e as pessoas estão em contínua formação. O que deve haver, irrevogavelmente, é o cumprimento da promessa de que será dado o retorno ao espectador que espera de orador comprometimento.

Para encerrar este oitavo tópico, segue um perspicaz texto de Cláudio de Moura Castro:

PowerPoint com carteirinha

Cláudio de Moura Castro

PowerPoint era o invento que faltava. Permite projetar na parede o que antes era colocado em garranchos escritos no quadro negro. Fim do pó de giz. Fim da perda de tempo esperando o professor escrever. Viva o império das cores, dos desenhos elegantes, dos sons, dos hipertextos (com YouTube e animações). Fim das falhas de memória, pois, uma vez bem feito, dura para sempre. Mas, se necessário, corrigimos em segundos. Para a sucata o retroprojetor, que precisava de ajudante para passar seus acetatos caros, que não aceitavam correções, que caíam no chão e se misturavam. Só que, na prática, costuma ser um desastre. Cruzes! Lá vem um PowerPoint chatíssimo! Mas no escurinho, indecisa entre ouvir e ler, a plateia cochila. Aliás, está proibido em cada vez mais empresas e no Exército americano falar-se de "morte por PowerPoint". Os erros se repetem, começando com o congestionamento visual. Cores demais, borboletas, plim-plins, acordes dramáticos, desenhos de mau gosto, pletora de caracteres tipográficos conflitantes, informações periféricas à aula, logotipos e outros balangandãs. Depois vem o excesso de informações e de slides, sobrecarregados com textos intermináveis. Culmina com o erro fatal: o texto lido! Como lemos cinco vezes mais rápido do que o professor fala, passamos à sua frente. Ou seja, o pobre professor levou para a aula um concorrente que tomou a sua cena, pois já lemos o texto e não escutamos mais o que ele diz.

Há uma regra clássica: se alguém que não assistiu à aula recebe o PowerPoint e o entende, está errado por excesso. Os slides terão arruinado a aula, arrancando-a do professor e deixando desgovernada a atenção da plateia. Aliás, se é para ler, o que faz lá o conferencista? O texto dos slides deve ser apenas um recurso mnemônico, para fixar os conceitos mencionados e para criar a arquitetura mental das principais ideias. Que fique claro: o PowerPoint não substitui nem o professor nem as leituras. O que ele substitui é o quadro-negro! Ele é um resumo e, bem sabemos, não se aprende em resumos. Serve para fixar na memória as grandes ideias. Para aprender, precisamos dos exemplos e dos detalhes.

O PowerPoint é maravilhoso, se for bem usado. Visualmente, precisa ser de extrema simplicidade. Se a figura não vale mil palavras, lixo com ela. Já se disse, quem vê Steve Jobs e Bill Gates usá-lo aprende tudo de que precisa. Imitemos o supremo despojamento de Jobs e seremos bem-sucedidos. Imitemos Gates e afundaremos na barafunda visual.

Se Jesus usasse PowerPoint, não teria discípulos, pois histórias, parábolas, contos e narrativas são enredos na contramão das listas mostradas nos slides. Não se contam histórias emocionantes com ele. É impossível narrar uma aventura com PowerPoint (vá lá projetar o mapa). A sua lógica é a enumeração, e nem tudo pode ser transformado em uma lista. Para deduzir um teorema, mostrar uma lei da física ou fazer conexões lógicas, precisamos recorrer a gráficos ou a outra lógica de apresentação, fugindo dos "marcadores" (bullets) enfiados goela abaixo dos usuários.

Para quem quer encontrar o bom caminho do PowerPoint, o livro Presentation Zen é a redenção. O autor nos lembra que nosso cérebro tem um hemisfério esquerdo, que cuida da razão, e um direito, encarregado das emoções, das evocações. Uma boa aula ativa na plateia os dois hemisférios: inspira o direito e explica ao esquerdo. E com qual hemisfério o PowerPoint vai se comunicar? Se falar ao esquerdo, da razão, vai competir com as palavras do professor. É o desastre anunciado. Nele, as poucas palavras são para reter na memória as ideias ouvidas, não para lançá-las. Portanto, sua missão deve ser evocar, inspirar, infiltrar sentimentos. Daí a importância da escolha judiciosa das imagens. Melhor que sejam fotografias (abundantes no Google Images), e que se fuja, como o diabo da cruz, da Clip-art e dos desenhos humorísticos.

Diante disso tudo, só resta uma solução: exigir carteira de habilitação para usar PowerPoint. Vamos à autoescola e tiramos carteira, para reduzir o risco de atropelar uma velhinha na primeira esquina. Então, carteira para usar PowerPoint, para evitar que barbeiragens ponham a perder o potencial educativo de um recurso tão extraordinário, mas que pode ser usado também para confundir a plateia e mentir.

Veja. São Paulo, ano 43, n. 32, p. 26, 11 ago. 2010

9. NARRATIVAS CURTAS

É MUITO BOM ILUSTRAR AS IDEIAS EMPREGANDO NARRATIVAS CURTAS

Somos seres narrativos: ouvimos e contamos histórias diuturnamente. Todos gostamos bastante de dizer como tudo aconteceu conosco e desejamos entender os detalhes do fato que houve com nossos iguais. Narramos, com orgulho, nossas experiências passadas na juventude, relatamos o acontecimento inteiro em que fomos bem-sucedidos diante de um problema na família ou na empresa, contamos com detalhes como foi a festa no fim de semana. Igualmente, temos gosto em entregar nossos ouvidos a quem nos diz como foi o primeiro encontro, o primeiro beijo, a primeira vez.

Mesmo um tema complexo ou muito técnico pode ser associado a um texto literário, como um conto ou romance, ou a um relato de experiência, pessoal ou de uma personalidade histórica. Tantas vezes, o auditório tende a perder a atenção, seja por cansaço ou desinteresse, seja por falta de foco ou distração por elementos orbitantes. Ganhamos novamente a atenção da assembleia quanto iniciamos uma narrativa. Os ouvidos são recuperados, os olhos se alargam, os raciocínios se retomam. Todos desejam saber qual será o fim da história.

Narrar com tom de voz especial, sendo pluritônico, empregando modulações, estimulando o suspense, usando o silêncio, detalhando cenas e justificando escolhas dos personagens, expondo dilemas e situações-problema coloca o auditório na redoma da discussão e o motiva a pensar nas prováveis soluções. No momento da fala, o orador deve explorar um lado teatral e florear as histórias, dar vivacidade à cena. Isso não fará com que sejamos personagens o tempo todo, porque precisamos ser autênticos e verdadeiros, sem fingirmos ser quem não somos de fato. Muitos falam que o bom apresentador precisa ter presença de palco. Verdade! O orador precisa ter seu lado de ator. Admir Ramos tem um excelente exemplo de atuação pelo suspense:

> A reticência, ou interrupção brusca do discurso, que dá mais força ao que se desejaria dizer, parecendo aos ouvintes que o orador se cala: (...) "Houve uma grande conspiração contra nós, por traidores que entre nós se encontram. Vou enumerá-los... não é preciso. Todos sabem quais são".

As narrativas são conhecidas há muito como poderosos recursos argumentativos, basta nos lembrarmos das parábolas de Cristo ou das fábulas direcionadas às crianças. O texto *Almas gêmeas e o Mito do Andrógino*, de Adília Belotti, impõe-se o propósito de assegurar a tese de que há uma imantação irrevogável pelo outro e uma incompletude natural do ser humano que busca correspondência. Durante a argumentação, a escritora evoca a narrativa do mito do andrógino para ilustrar sua ponderação:

Almas gêmeas e o Mito do Andrógino

Adília Belotti

Não tem mesmo jeito. No fundo, no fundo, todos nós nutrimos a fantasia de que em algum lugar deste pequeno planeta alguém está esperando, olhando para o mesmo céu e, sem nem saber que a gente existe, pensando em nós... A cara metade. A alma gêmea. O pedaço de mim. Quem é este Outro que deveria nos completar? E por que, apesar dos nossos esforços, ele parece sempre resistir? Sempre um pouco adiante, mais longe e mais longe... sempre tão Outro, tão distante de mim.

A vida é a arte do encontro, dizia o poeta, antes de concluir, embora haja tanto desencontro pela vida. O que será que a gente espera desse encontro? A julgar pelo que dizem os mitos, as lendas, as canções, os poemas e as notícias de jornal, queremos tudo. Nada menos do que a plenitude, nem uma migalha faltando para nos sentirmos completos, inteiros e justificados.

Você conhece o Mito do Andrógino? Está nO Banquete, do filósofo grego Platão. Vou contar a história, mas antes de começar, dois lembretes. Não entenda mito como mentira, fábula. Não. Os mitos são histórias nascidas da alma coletiva dos seres humanos. Intuições profundas transformadas pela mágica das palavras em contos. E andrógino, mais do que ser um e outro, homem (andros) e mulher (gyno), como a gente em geral pensa, é ser um só. Andrógino é o ser quase perfeito porque, assim como os deuses, ele contém em si mesmo todas as oposições, ele se basta a si mesmo e, completo e fecundo, dá a luz a si próprio. Em muitas mitologias, o primeiro homem era um andrógino, assim como será o último de nós.

E, então, lá vai a história. No início, a raça dos homens não era como hoje. Era diferente. Não havia dois sexos, mas três: homem, mulher e a união dos dois. E esses seres tinham um nome que expressava bem essa sua natureza e hoje perdeu seu significado: Andrógino. Além disso, essa criatura primordial era redonda: suas costas e seus lados formavam um círculo, e ela possuía quatro mãos, quatro pés e uma cabeça com duas faces exatamente iguais, cada uma olhando numa direção, pousada num pescoço redondo. A criatura podia andar ereta, como os seres humanos fazem, para frente e para trás. Mas podia também rolar e rolar sobre seus quatro braços e quatro pernas, cobrindo grandes distâncias, veloz como um raio de luz. Eram redondos porque redondos eram seus pais: o homem era filho do Sol; A mulher, da Terra.

Sua força era extraordinária e seu poder, imenso. E isso os tornou ambiciosos. E quiseram desafiar os deuses. Foram eles que ousaram escalar o Olimpo, a montanha onde vivem os imortais. O que deviam fazer os deuses reunidos no conselho celeste? Aniquilar as criaturas? Mas como ficar sem os sacrifícios, as homenagens, a adoração? Por outro lado, tal insolência era perfeitamente intolerável.

Então o Grande Zeus rugiu: Deixem que vivam. Tenho um plano para deixá-los mais humildes e diminuir seu orgulho. Vou cortá-los ao meio e fazê-los andar sobre duas pernas. Isso com certeza irá diminuir sua força, além de ter a vantagem de aumentar seu número, o que é bom para nós. E mal tinha falado, começou a partir as criaturas em dois, como uma maçã. E, à medida que os cortava, Apolo ia virando suas cabeças, para que pudessem contemplar eternamente sua parte amputada. Uma lição de humildade. Apolo também curou suas feridas, deu forma ao seu tronco e moldou sua barriga, juntando a pele que sobrava no centro, para que eles se lembrassem do que haviam sido um dia.

E foi aí que as criaturas começaram a morrer. Morriam de fome e de desespero. Abraçavam-se e deixavam-se ficar assim. E quando uma das partes morria, a outra ficava à deriva, procurando, procurando...

Zeus ficou com pena das criaturas. E teve outra ideia. Virou as partes reprodutoras dos seres para a sua nova frente. Antes, eles copulavam com a terra. De agora em diante, se reproduziriam um homem numa mulher. Num abraço. Assim a raça não morreria e eles descansariam. Poderiam até mesmo continuar tocando o negócio da vida. Com o tempo eles esqueceriam o ocorrido e apenas perceberiam seu desejo. Um desejo jamais inteiramente saciado no ato de amar, porque mesmo se derretendo no outro pelo espaço de um instante, a alma saberia, ainda que não conseguisse explicar, que seu anseio jamais seria completamente satisfeito. E a saudade da união perfeita renasceria, nem bem os últimos gemidos do amor se extinguissem.

E esta é a nossa história. De como um dia fomos um todo, inteiros e plenos. Tão poderosos que rivalizávamos com os deuses. É a história também de como um dia, partidos ao meio, viramos dois e aprendemos a sentir saudades. E é a razão dessa busca sem fim do abraço que nos fará sentir de novo e uma vez mais, ainda que só por alguns momentos (quem se importa?), a emoção da plenitude que um dia, há muito tempo, perdemos.

Não é à toa que aqui e ali, entre os chineses e os hindus, por exemplo, tenham florescido rituais, técnicas e filosofias, cujo objetivo era transformar a energia que nascia deste abraço em energia espiritual e fazer do sexo o caminho para o divino. Algo que, de fato, pudesse preencher o vazio de que somos feitos. Alguma coisa forte o bastante, para nos alçar de novo até o alto da montanha dos deuses. Mas esta história eu conto numa outra vez...

Disponível em: <http://somostodosum.ig.com.br>. Acesso: 10 de março de 2012 (com adaptações).

A narrativa, no texto de Adília Belotti, cumpriu muito bem o propósito de ilustrar a reflexão e de alcançar o afeto do interlocutor com elementos atraentes. O recurso de lançar mão de um enredo é muito produtivo na tarefa de demonstrar e exemplificar as ideias que estão sendo analisadas.

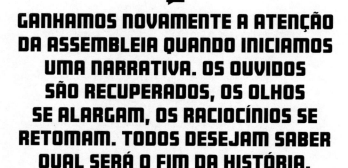

GANHAMOS NOVAMENTE A ATENÇÃO DA ASSEMBLEIA QUANDO INICIAMOS UMA NARRATIVA. OS OUVIDOS SÃO RECUPERADOS, OS OLHOS SE ALARGAM, OS RACIOCÍNIOS SE RETOMAM. TODOS DESEJAM SABER QUAL SERÁ O FIM DA HISTÓRIA.

10. NÃO TERMINE FRASES OLHANDO PARA BAIXO

É comum que apresentadores finalizem ideias voltando-se para a tela projetada – pensando já no próximo tópico a ser exposto – dando as costas para o público antes de concluírem realmente. É também comum que terminem suas frases olhando para o chão porque desejam logo passar ao tema seguinte.

Quando temos essas atitudes, os sinais que enviamos aos raciocínios de quem nos ouve são "Essa ideia não é importante." ou "Isso que eu disse por último não importa". Na assembleia, alguém que não ouviu bem a última frase porque a apresentadora estava falando e virando as costas, pergunta ao colega do lado: "O que ela disse?". O colega responde: "Não entendi bem. Deve ser só um detalhe". Tem-se, então, a impressão de que essas últimas ideias não são importantes.

Se, ao contrário, falamos com o peito alargado, com o queixo levemente no ar, olhando nos olhos dos espectadores, os sinais que enviamos a eles são "Essa informação é muito importante!" ou "Deem atenção a isso!". É realmente necessário estabelecer o tão conhecido "contato visual com a assembleia". Olhar nos olhos de quem nos escuta é firmar uma ponte que nos liga em nossa condição humana. Por isso é tão descortês conversar com alguém sem tirar os óculos escuros. Nossos olhos refletem muito de nossa sinceridade e de nossos julgamentos e sentimentos.

Algumas pessoas afirmam ficar nervosas em relação aos olhos do outro, que podem ser críticos, e buscam, então, um ponto fixo na sala ou no auditório para direcionar o olhar. Isso pode conferir um aspecto de artificialidade à conduta e postura do orador. O ideal é fugir de olhares que possam nos causar desconforto e passear os olhos pela assembleia que algumas vezes mesmo nos oferece algumas posturas de confirmação e aprovação quanto ao que dissemos.

OLHAR NOS OLHOS DE QUEM NOS ESCUTA É FIRMAR UMA PONTE QUE NOS INTERLIGA EM NOSSA CONDIÇÃO HUMANA.

11. NÃO INICIE A FALA AFIRMANDO QUE O TEMA É CHATO, MAS NECESSÁRIO

Uma característica comum a bons discursos e boas palestras é a expressão de satisfação e bem-estar do orador. Quem fala sobre determinado tema deve ser o primeiro a se mostrar entusiasmado por ele ou, ao menos, apresentar-se de modo agradável. Uma expressão serena e feliz e uma postura espontânea do apresentador transmitem a mesma tranquilidade ao público, favorecendo a abertura para a interação de ideias e para a aceitação da proposta de argumentar sobre o tema.

Um orador que inicia a sua fala pedindo desculpas à assembleia pelo tema chato e complexo que será examinado, dificilmente despertará motivação nos ouvintes. É bem provável, até, que se instale de imediato alguma rejeição ao tema antes mesmo que ele seja efetivamente discutido. Outra postura condenável é finalizar a apresentação com falas inseguras como "Não sei se agradei vocês…", "Não sei se correspondi às expectativas…", "Tomara que eu não tenha confundido ainda mais a todos!", "Espero não ter entediado vocês!", "Desculpem se fui muito complexo.", "Perdoem se me alonguei demais nas explicações!".

O ideal é que o orador siga uma postura científica de apontar um problema verdadeiro, importante, carente de resolução que traga contributos sociais. Esse problema pode ser de ordem técnica, científica, afetiva, e a missão de quem fala é a de provar que o obstáculo é real, selecionando os aspectos mais urgentes e impactantes. Depois de demonstrar que a discussão realmente precisa ser feita, é necessário buscar informações interessantes, ainda que em meio a uma temática possivelmente desinteressante a alguns. Aliás, é essa a tarefa diária de milhões de professores: encontrar fatos interessantes em disciplinas que dificilmente atraem o interesse de cem por cento da turma.

Inicie a fala com satisfação, motivação e entusiasmo pelo tema; dessa forma o auditório terá uma tendência bem maior a destinar raciocínio às questões propostas, além de atenção e reflexão. É muito bom evocar lembranças positivas de outras falas que foram bem-sucedidas, de projetos que deram certo, de pessoas que nos apoiam, de momentos em que nossa competência contribuiu para o sucesso de alguém ou de algum evento. Durante a preparação, imagine-se falando diante do público, prevendo o sucesso da fala. Assim, falaremos com menos nervosismo e mais prazer.

QUEM FALA SOBRE DETERMINADO TEMA DEVE SER O PRIMEIRO A SE MOSTRAR ENTUSIASMADO POR ELE. UMA EXPRESSÃO SERENA E FELIZ E UMA POSTURA ESPONTÂNEA DO APRESENTADOR TRANSMITEM A MESMA TRANQUILIDADE AO PÚBLICO, FAVORECENDO A ABERTURA PARA A INTERAÇÃO DE IDEIAS E PARA A ACEITAÇÃO DA PROPOSTA DE ARGUMENTAR SOBRE O TEMA.

12. SE PROMETER QUE PRECISA DE APENAS DEZ MINUTOS, NÃO FALE MAIS QUE ISSO

Diante de um auditório que começa a se cansar depois de muitos minutos de audição, oradores experientes empregam com infalibilidade a técnica de anunciar que o término daquela fala está próximo. Dizer que falta apenas um tópico a ser explorado – ou que só mais dez minutos são necessários para concluir – recobra a atenção e a vivacidade da assembleia. Um novo fôlego é gerado nos ouvintes para os minutos finais das análises, como um maratonista que vê a linha de chegada após quatro horas de corrida. Quando o palestrante afirma que está concluindo, o auditório destina uma energia final para os fatos que o orador escolheu e decidiu deixar por último. O público tem, então, ativada uma curiosidade pelo que será enfatizado nos momentos terminantes.

Todavia, se mal empregada, essa técnica pode gerar prejuízos irreembolsáveis. Caso um orador prometa finalizar sua exposição nos próximos dez minutos, mas continua a falar por vinte ou trinta minutos mais, haverá perdas tanto para o auditório quanto para o apresentador. Durante esse tempo excedente de fala do orador, o auditório pensará em tantas outras coisas menos na discussão que está sendo estabelecida. Alguns pensarão: "Ele prometeu falar por dez minutos e já está falando há trinta!", ou "Nesses minutos a mais, eu já poderia ter feito meu lanche.", ou "Já teria dado tempo de eu chegar a minha casa".

Os minutos finais não foram produtivos em reflexões sobre o tema, os pensamentos foram bastante alheios à discussão e teria sido melhor encerrar trinta minutos antes. Além de tudo, talvez o dano mais significativo tenha sido o fato de ter havido um desrespeito quanto ao tempo de quem ouve, o que também gera um grande descrédito em meio à assembleia quanto às promessas do orador.

Do outro lado, as análises, as ênfases, as exposições do apresentador são destinadas a um público que não está acessível ao discurso. Os raciocínios de vários minutos em fala, possivelmente com destaques finais, são descartados como algo ordinário e diminuto. Assim como os ouvintes gastaram sem retorno seu tempo, a perda de ideias valiosas e seletas é grande para o orador, num desperdício mútuo e generalizado. Diga que vai terminar em breve e cumpra essa promessa.

ANUNCIAR QUE A FALA TERMINA EM BREVE FAZ O PÚBLICO RECOBRAR FORÇAS FINAIS, MAS PODE GERAR DESCRÉDITOS E DESPERDÍCIO DE RACIOCÍNIOS CASO A PROMESSA NÃO SEJA CUMPRIDA.

13. AS MELHORES PALAVRAS

Muitas pessoas se orgulham do fato de serem plenamente francas e de afirmarem seus julgamentos com máxima sinceridade. Existem, no entanto, diversos problemas decorrentes dessa conduta. A utilidade de um julgamento não se efetivará se não forem selecionadas as melhores palavras para dizê-lo, por mais que tenha sido sincero. Ao contrário, se mal dito, um argumento pode resultar ineficiente pela ausência de palavras precisas ou, ainda, pela falta de uma estrutura bem formulada. Pelo modo de dizer malformado, é possível até mesmo agredir os afetos de quem ouve, anulando as análises razoáveis e combalindo a capacidade crítica do ouvinte. Isso pode pôr a perder toda uma argumentação mesmo que consistente e que poderia ser bem-sucedida.

O texto Ética de princípios, de Rubem Alves, admirável pelas estratégias argumentativas e pelo pensamento humano, discute a forma como a verdade deve se subordinar à bondade:

Ética de princípios

Rubem Alves

As duas éticas: a que brota da contemplação das estrelas perfeitas, imutáveis e mortas, a que os filósofos dão o nome de ética de princípios, e a que brota da contemplação dos jardins imperfeitos e mutáveis, mas vivos – a que os filósofos dão o nome de ética contextual.

Os jardineiros não olham para as estrelas. Eles nada sabem sobre as estrelas que alguns dizem já ter visto por revelação dos deuses. Como os homens comuns não veem essas estrelas, eles têm de acreditar na palavra dos que dizem já as ter visto longe, muito longe... Os jardineiros só acreditam no que seus olhos veem. Pensam a partir da experiência: pegam a terra com as mãos e a cheiram.

Vou aplicar a metáfora a uma situação concreta. A mulher está com câncer em estado avançado. É certo que ela morrerá. Ela suspeita disso e tem medo. O médico vai visitá-la. Olhando, do fundo do seu medo, no fundo dos olhos do médico, ela pergunta: "Doutor, será que eu escapo desta?"

Está configurada uma situação ética. Que é que o médico vai dizer?

Se o médico for adepto da ética estelar de princípios, a resposta será simples: "Não, a senhora não escapará desta. A senhora vai morrer." Respondeu segundo um princípio invariável para todas as situações. A lealdade a um princípio o livra de um pensamento perturbador: o que a verdade irá fazer com o corpo e a alma daquela mulher? O princípio, sendo absoluto, não leva em consideração o potencial destruidor da verdade.

Mas, se for um jardineiro, ele não se lembrará de nenhum princípio. Ele só pensará nos olhos suplicantes daquela mulher. Pensará que a sua palavra terá que produzir a bondade. E ele se perguntará: "Que palavra eu posso dizer que, não sendo um engano (a senhora breve estará curada...), cuidará da mulher como se a palavra fosse um colo que acolhe uma criança?" E ele dirá: "Você me faz essa pergunta porque você está com medo de morrer. Também tenho medo de morrer..." Aí, então, os dois conversarão longamente – como se estivessem de mãos dadas – sobre a morte que os dois haverão de enfrentar. Como sugeriu o apóstolo Paulo, a verdade está subordinada à bondade.

Pela ética de princípios, o uso da camisinha, a pesquisa das células-tronco, o aborto de fetos sem cérebro, o divórcio, a eutanásia são questões resolvidas que não requerem decisões: os princípios universais os proíbem. Mas a ética contextual nos obriga a fazer perguntas sobre o bem ou mal que uma ação irá criar. O uso da camisinha contribui para diminuir a incidência da Aids? As pesquisas com células-tronco contribuem para trazer a cura para uma infinidade de doenças? O aborto de um feto sem cérebro contribuirá para diminuir a dor de uma mulher? O divórcio contribuirá para que homens e mulheres possam recomeçar suas vidas afetivas? A eutanásia pode ser o único caminho para libertar uma pessoa da dor que não a deixará?

Duas éticas. A única pergunta a se fazer é: "Qual delas está mais a serviço do amor?"

(Folha de S. Paulo, 04/03/2008)

Rubem Alves mostra, através do jardineiro e do médico, que a mesma verdade pode ser dita de formas diferentes. E, por sua pergunta retórica ao fim do texto, indica o caminho seguro para a resposta que aponta às maneiras amorosas de dizer. O bom orador valoriza a melhor formulação do dito, pesando apreciações sociais de palavras, avaliações de sentidos que circulam nas sociedades e, acima de tudo, está atento ao efeito que seu texto produzirá no outro, como sugere a pergunta "o que a verdade irá fazer com o corpo e a alma daquela mulher?".

O que se observa no desempenho de oradores bem-sucedidos é que seus discursos poderiam se resumir a duas ou três ideias básicas que poderiam ser expostas em dez ou quinze minutos, mas as falas levam uma hora ou mais. A técnica empregada por eles é a de desdobrar o quanto possível uma ideia a fim de examinar as bases que a compõem. Para atingir esse resultado, empenham-se em ilustrar raciocínios, exemplificar formas, dissecar e analisar partes. Insistem em formas distintas de dizer, em modelos variados, em citações diversas que, se não chegam a um ouvinte, alcançam o entendimento de outro e, se não são compreensíveis a uma, são visualizados por outra. Essa exploração reduplicada de uma ideia promove a reflexão mais produtiva e intensa.

Podemos notar, nos exemplos adiante, duas possíveis formas distintas de expor uma mesma noção. As duas versões têm as mesmas ideias centrais, entretanto a primeira é bastante direta, e a segunda emprega a técnica mencionada de que se deve ampliar ideias e exemplos. Essas versões adiante precisam ser comparadas, o que fará com que se chegue facilmente à conclusão de que a segunda amplia muito a primeira.

Seja suposto um arrazoado, destinado a jovens, curto em que o tema "Adversidades que os adolescentes enfrentam" é ilustrado pela ideia "É que um joelho ralado dói bem menos que um coração partido", um verso da cantora e compositora Kell Smith.

ARRAZOADO 1:

Os adolescentes enfrentam adversidades de muitos tipos. São pressões do grupo para se afirmarem, pressão da família no comportamento, pressão dos padrões de beleza mais exigentes, necessidade de sucesso nas conquistas amorosas. Mas talvez a maior tensão enfrentada seja o caminho para chegar à universidade. Esse processo envolve muitas das pressões anteriores, pois a família e os amigos precisam saber que você foi aprovado, quando, mesmo que tenha se esforçado muito, possa não conseguir entrar, porque não há vagas para todos. Isso se associa ao que diz uma música no trecho "É que um joelho ralado dói bem menos que um coração partido".

> Nessas horas em que os méritos de cada um nem sempre alcançam sucesso, o jovem deseja voltar aos tempos de criança em que as preocupações são muito simples e passageiras. No entanto, deve-se pensar também que cada fase tem as suas adversidades proporcionais e que, exatamente por isso, as dificuldades dos jovens não devem ser menosprezadas pelos familiares adultos que já venceram na universidade e até na pós-graduação.

Esse arrazoado defende a tese de que cada fase tem suas adversidades proporcionais. As ideias são claras, objetivas e sustentam a ideia-chave com bons argumentos e uma alegoria ou figura intertextual interessante que é a música, um recurso atraente. Contudo deve haver uma reverberação de algumas imagens para que elas se fixem e sejam mais bem digeridas. A seguir, há uma variante dessas ideias em exposição mais desdobrada.

ARRAZOADO 2:

> Os adolescentes enfrentam, nesta nossa sociedade tecnológica, adversidades de muitos tipos. As redes sociais, altamente imagéticas, ajudam a espalhar pressões do grupo para se afirmarem, pressão dos padrões de beleza mais exigentes, pressão da família no comportamento, necessidade de sucesso nas conquistas amorosas. Mas talvez a maior tensão enfrentada por vocês seja o caminho para chegar à universidade. Esse processo envolve muitas das pressões anteriores, pois a família e os amigos precisam saber que você foi aprovado, quando, mesmo que você tenha se esforçado muito, possa talvez não conseguir entrar, porque não há vagas para todos. Isso se associa ao que diz a música de Kell Smith, no verso "É que um joelho ralado dói bem menos que um coração partido".
>
> Nessas horas em que os méritos de cada um nem sempre alcançam sucesso, o jovem deseja voltar aos tempos de criança em que as preocupações são muito simples e passageiras. A ferida estará curada em breve, e, no dia seguinte, ela nem vai mais causar dor. As feridas dos jovens são mais dolorosas e demoram a se curar. Uma rejeição do garoto mais interessante da turma pode ficar na memória afetiva por muito tempo. A negação da menina mais atraente do grupo pode acabar com as forças do garoto. Uma nota insuficiente ou a reprovação não estarão esquecidas no dia seguinte.
>
> No entanto, deve-se pensar também que cada fase tem as suas adversidades proporcionais e que, exatamente por isso, as dificuldades dos jovens não devem ser menosprezadas pelos familiares adultos que já venceram na universidade e até na pós-graduação. Para a criança, o joelho ralado é um emblema de uma dor extremada e gigantesca diante da pequena estatura. A ferida é sinal de que suporta muita dor, de que seu sofrimento é intenso e que os adultos precisam considerar isso. A cicatrização do joelho é um troféu máximo para o garoto que caiu, mas conseguiu escalar. A casca

que se forma sobre a ferida é mostra de que a garotinha se regenerou, se reconstruiu, se tornou mais forte, quase indestrutível. A criança, que ralou o joelho e se curou, superou uma adversidade grandiosa e deve se orgulhar muito disso. Ela suportou a dor da ferida, ela suportou a dor – não sem choro – da aplicação do remédio pela mãe. A criança poderá mostrar agora o ferimento aos avós, aos tios, aos colegas na escola. Ela conseguiu vencer aquele rito de passagem que provou à sua comunidade que ela é forte.

Os adolescentes também têm as suas dores, não maiores que as das crianças nem menores que as dos adultos. São feridas proporcionais a seu tamanho. E mesmo que tenham crescido um pouco mais, os adolescentes ainda precisam mostrar aos colegas a sua cicatriz. Ainda precisam de que a mãe ou outro adulto lave os arranhões com água e sabão. Precisam também de que alguém aplique o remédio. O psicólogo, o médico, o pai, a mãe podem ajudar a fazer isso. Talvez doa um pouco e você chore, mas estará bem mais forte quanto superar.

Essa segunda versão do arrazoado apresenta uma maior proximidade do interlocutor pelas escolhas linguísticas, como na insistência do pronome "você", próximo do público e da oralidade de um colóquio. As imagens da criança vencendo adversidades foram exploradas, reprisadas, desdobradas e reverberadas, o que favorece a fixação das ideias e o contato mais junto do público. A estratégia de reduplicar a tese com ilustrações, exemplos, fatos não é uma mera questão de ampliar a discussão, mas um fundamento de exposição detalhada e pormenorizada que alcança de formas diferentes o auditório.

O cuidado com a melhor maneira de dizer envolve a seleção das palavras mais adequadas, a estruturação mais apropriada à frase, a diversidade de imagens elencadas, o tom de voz a ser empregado.

> **A ESTRATÉGIA DE REDUPLICAR A TESE COM ILUSTRAÇÕES, EXEMPLOS, FATOS NÃO É UMA MERA QUESTÃO DE AMPLIAR A DISCUSSÃO, MAS UM FUNDAMENTO DE EXPOSIÇÃO DETALHADA E PORMENORIZADA QUE ALCANÇA DE FORMAS DIFERENTES O AUDITÓRIO.**

14. UM TOQUE DE HUMOR

Se a regra de ouro da oratória é considerar a humanidade de cada espectador que nos empresta seus ouvidos, precisamos ter em conta que o humor é mais um mecanismo capaz de vincular orador e auditório. O sorriso habitualmente é o primeiro símbolo de empatia entre desconhecidos e é sinal de que estamos dispostos a nos aproximar das pessoas com as quais nos relacionamos. Sorrir pode ser sinal de solicitude ao se mostrar acessível a alguém que possa precisar de alguma ajuda ou, em outros casos, pode compartilhar a igualdade de situação pela qual duas pessoas passam.

O humor é muito bem-vindo por fazer retomar a atenção dos ouvintes depois de uma dissertação mais complexa. É muito importante, no entanto, ponderar o fato de que vários modos de humor dialogam com discursos racistas, misóginos, sexistas, negativamente partidários e, obviamente, não contribuem para o avanço na discussão sobre o tema. Alguns oradores se arriscam a empregar essas piadas arquetípicas – que geralmente atingem minorias – no intuito de extrair sorrisos da parcela do auditório que não é alvejada pela zombaria ou pelo sarcasmo. Entretanto essa estratégia é esvaziada de humanidade por desconsiderar que ao menos um ouvinte será atingido em sua dignidade e valores.

Um toque de humor faz parte de um bom discurso, mas precisa ser um *toque* de humor. Transformar a exposição em uma mostra de piadas talvez faça o auditório não levar a sério a discussão do tema e considerar no máximo engraçada ou animada a postura do orador. Iniciar a fala já com uma piada pode não ser eficaz. Admir Ramos diz que "o orador não deve iniciar sua peça oratória inflamado, mas, à proporção que se for excitando esforçar-se por comunicar igual calor aos seus ouvintes". Para o início da palestra, o orador pode valer-se do bom humor, e não necessariamente da piada. E é arriscado finalizar uma palestra empregando uma piada, pois na maioria das ocasiões o fechamento deixa uma impressão mais significativa. Nesse caso, melhor que uma piada será uma motivação ou uma reflexão.

Será muito bom contar experiências pessoais bem humoradas. Essa ação ajuda a evitar piadas sobre outras pessoas. Claro que essas experiências precisam ser harmônicas com a reflexão proposta e devem ter uma funcionalidade na fala. Dale Carnegie conduz o pensamento de que "O auditório prefere conhecer o que a vida lhe ensinou – e não o que você leu em revistas". As experiências pessoais serão fonte de humor e meditação.

O humor deve ser um recurso auxiliar na construção do relacionamento entre locutor e ouvinte e se põe a favorecer a ilustração dos fatos deliberados.

SE A REGRA DE OURO DA ORATÓRIA É CONSIDERAR A HUMANIDADE DE CADA ESPECTADOR QUE NOS EMPRESTA SEUS OUVIDOS, PRECISAMOS TER EM CONTA QUE O HUMOR É MAIS UM MECANISMO CAPAZ DE VINCULAR ORADOR E AUDITÓRIO.

15. COMO SE DISCORDA

Nelson Rodrigues disse que "Toda unanimidade é burra", e atribui-se a Einstein a frase "Uma noite em que todos estão em pleno acordo é uma noite perdida". Esses pensamentos orientam para o raciocínio de que a diversidade de ideias é benéfica às deliberações por apresentarem modos diferentes de conceber a realidade. O poder de percepção do real e de reflexão sobre fatos que permeiam a vida humana é um vigoroso atributo da racionalidade e inventividade contidas em nós e nos torna melhores em acordo com os conhecimentos que adquirimos e aprimoramos.

Quando há opiniões controversas ou no mínimo opostas, surge a ocasião oportuna para entendermos o lugar que o outro ocupa. Compreendendo o pensamento alheio, busca-se a reformulação de nossos argumentos e aperfeiçoa-se nossa forma de dizer. Podemos, com isso, mudar nossa opinião ou provocar considerações e reflexões imprevistas por quem nos ouve.

EVITE MAXIMAMENTE DIZER "EU DISCORDO DE VOCÊ".

É rotineira, nos discursos que circulam em nossa sociedade, a expressão "o benefício da dúvida", indicando que as certezas são temerárias e que a incerteza pode ser a conduta mais sensata. Marquês de Maricá **pôs em boa fórmula a ideia de que** "Quem não desconfia de si mesmo não merece a confiança dos outros", indicando o sentido para a direção de que a arrogância da certeza pode trazer danos graves e irrecuperáveis. Ferreira Gullar foi um dos que falaram com clareza sobre isso, como se lê em seu texto *O benefício da dúvida* adiante:

O benefício da dúvida

Ferreira Gullar

Difícil é lidar com donos da verdade. Não há dúvida de que todos nós nos apoiamos em algumas certezas e temos opinião formada sobre determinados assuntos; é inevitável e necessário. Se somos, como creio que somos, seres culturais, vivemos num mundo que construímos a partir de nossas experiências e conhecimentos. Há aqueles que não chegam a formular claramente para si o que conhecem e sabem, mas há outros que, pelo contrário, têm opiniões formadas sobre tudo ou quase tudo. Até aí nada de mais; o problema é quando o cara se convence de que suas opiniões são as únicas verdadeiras e, portanto, incontestáveis. Se ele se defronta com outro imbuído da mesma certeza, arma-se um barraco.

De qualquer maneira, se se trata de um indivíduo qualquer que se julga dono da verdade, a coisa não vai além de algumas discussões acaloradas, que podem até chegar a ofensas pessoais. O problema se agrava quando o dono da verdade tem lábia, carisma e se considera salvador da pátria. Dependendo das circunstâncias, ele pode empolgar milhões de pessoas e se tornar, vamos dizer, um "führer".

As pessoas necessitam de verdades e, se surge alguém dizendo as verdades que elas querem ouvir, adotam-no como líder ou profeta e passam a pensar e agir conforme o que ele diga. Hitler foi um exemplo quase inacreditável de um líder carismático que levou uma nação inteira ao estado de hipnose e seus asseclas à prática de crimes estarrecedores.

A loucura torna-se lógica quando a verdade torna-se indiscutível. Foi o que ocorreu também durante a Inquisição: para salvar a alma do desgraçado, os sacerdotes exigiam que ele admitisse estar possuído pelo diabo; se não admitia, era torturado para confessar e, se confessava, era queimado na fogueira, pois só assim sua alma seria salva. Tudo muito lógico. E os inquisidores, donos da verdade, não duvidavam um só momento de que agiam conforme a vontade de Deus e faziam o bem ao torturar e matar.

Foi também em nome do bem — desta vez não do bem espiritual, mas do bem social — que os fanáticos seguidores de PolPot levaram à morte milhões de seus irmãos. Os comunistas do Khmer Vermelho haviam aprendido marxismo em Paris não sei com que professor que lhes ensinara o caminho para salvar o país: transferir a maior parte da população urbana para o campo. Detentores de tal verdade, ocuparam militarmente as cidades e obrigaram os moradores de determinados bairros a deixarem imediatamente suas casas e rumarem para o interior do país. Quem não obedeceu foi executado e os que obedeceram, ao chegarem ao campo, não tinham casa onde morar nem o que comer e, assim, morreram de inanição. Enquanto isso, PolPot e seus seguidores vibravam cheios de certeza revolucionária.

É inconcebível o que os homens podem fazer levados por uma convicção e, das convicções humanas, como se sabe, a mais poderosa é a fé em Deus, fale ele pela boca de Cristo, de Buda ou de Muhammad. Porque vivemos num mundo inventado por nós, vejo Deus como a mais extraordinária de nossas invenções. Sei, porém, que, para os que creem na sua existência, ele foi quem criou a tudo e a todos, estando fora de discussão tanto a sua existência quanto a sua infinita bondade e sapiência.

A convicção na existência de Deus foi a base sobre a qual se construiu a comunidade humana desde seus primórdios, a inspiração dos sentimentos e valores sem os quais a civilização teria sido inviável. Em todas as religiões, Deus significa amor, justiça, fraternidade, igualdade e salvação. Não obstante, pode o amor a Deus, a fé na sua palavra, como já se viu, nos empurrar para a intolerância e para o ódio. Não é fácil crer fervorosamente numa religião e, ao mesmo tempo, ser tolerante com as demais.

Mas não cansamos de nos espantar com a reação, às vezes sem limites, a que as pessoas são levadas por suas convicções. E isso me faz achar que um pouco de dúvida não faz mal a ninguém. Aos messias e seus seguidores, prefiro os homens tolerantes, para quem as verdades são provisórias, fruto mais do consenso que de certezas inquestionáveis.

GULLAR, Ferreira. **Folha de São Paulo** — Caderno Ilustrado, 19-02-2006. Adaptado.

O diálogo que se estabelece entre o texto *O benefício da dúvida*, de Ferreira Gullar, e o texto homônimo de Rubem Alves, a seguir, vai além da identidade de títulos. Eles se intertextualizam intimamente pela relação junta ao tratar a certeza como uma possibilidade avessa de engano, e a dúvida como sinal de prudência:

O benefício da dúvida

Rubem Alves

Cliquei o botão do controle remoto da televisão e me vi dentro de um enorme templo, completamente lotado. O pregador dizia aos fiéis: "A dúvida é a principal arma do diabo". Ele não teve coragem de dizer tudo o que essa afirmação piedosa contém. Se ele está no púlpito, lugar sagrado, deve ser o bispo ou missionário. Sendo bispo ou missionário, tem acesso privilegiado a Jesus: o Peixe Dourado lhe revelou pessoalmente os mistérios do Mar... Fala diariamente com Jesus. Segue-se que aquilo que ele fala são palavras de Jesus. Assim, se alguém tem dúvidas sobre o que ele diz, está duvidando de Jesus. Conclusão: quem duvida do que ele diz está enredado nas artimanhas do diabo... Penso o contrário: que as convicções são as principais armas do diabo. As maiores atrocidades da história da humanidade, religiosas e políticas, foram cometidas por pessoas que não tinham dúvidas sobre a verdade dos seus pensamentos. As pessoas que duvidam, ao contrário, são tolerantes. Sabem que o que pensam não é a verdade. Seus pensamentos são meros "palpites". Por isso ouvem o que outros têm a dizer, pois pode ser que a verdade esteja com eles...

(Disponível em: <http://literaturaemcontagotas.wordpress.com/2011/03/23>.
Acesso: 15 de abril de 2017)

Tanto o benefício da dúvida de Ferreira Gullar quanto o de Rubem Alves atribuem a característica da tolerância às pessoas que exercem a coexistência pacífica e transigente com a diversidade de pensamentos discordantes que encontramos na sociedade. É preciso saber discordar. Se o fazemos de maneira imprópria, estamos negando que a diversidade de opiniões é lícita e produtiva. Mais que isso, podemos até depreciar e menoscabar a opinião do outro junto com todos os fatores que formam a sua pessoa e o levaram a pensar diferentemente.

Para discordar com humanidade é preciso evitar maximamente dizer "Eu discordo de você". Quando se diz essa frase ou outra parecida com essa, o que acontece efetivamente é o estabelecimento imediato de uma barreira firme entre o locutor e o interlocutor. Ao ouvir "Eu discordo", a pessoa com quem falamos tem acionado um dispositivo que a leva a buscar rapidamente em sua memória um argumento mais forte, já que o primeiro dito não foi convincente. O ouvinte se insatisfaz por não conseguir anuência e pensa logo na reformulação do raciocínio. Desse modo, a barreira que se interpõe fecha os ouvidos quanto a nossos argumentos. O diálogo foi fraturado. Ambos os lados apenas falam sem ouvir, buscando refutações mais potentes, contra-argumentos incontestáveis.

Se argumentar é promover uma deliberação para os avanços das ideias, dizer "Eu discordo de você" pode contribuir para que a discussão não prospere. Uma solução para esse grave empecilho é a concordância parcial, buscando encontrar na fala do outro um ponto de partida para a contra-argumentação que não oponha de maneira ostensiva os interlocutores.

> O fato de se incorporarem no discurso as objeções do adversário, real ou virtual, confere às próprias teses maior seriedade e imparcialidade: reconhecem-se estrategicamente as razões do outro, evitando apresentar o discurso como autoritário, manobra bastante conhecida e descrita nos manuais de retórica e redação sob a denominação de concordância parcial (FÁVERO e KOCH, 1986, p. 62).

Não apresentar o discurso como autoritário é norma indispensável para o sucesso dos debates e dos relacionamentos. A concordância parcial é bastante eficiente nesse propósito. O emprego dessa técnica "significa admitir a legitimidade dos argumentos do outro, mas ir além quando se trata de concluir", é o que disse Vogt citado por Fávero e Koch. Para pôr isso prática, é imprescindível estar disposto a se colocar no lugar do outro para compreender seu posicionamento se buscar um ponto em que possa haver uma mínima concordância de pensamentos, um ponto em que a humanidade do orador e a humanidade do auditório se tocam. A barreira estabelecida pelo "Eu discordo de você" é, então, vencida pela concordância parcial que, ao invés de tapar os ouvidos do interlocutor, valoriza seu pensamento e o envolve em nossa argumentação.

Um dos mecanismos de valorização do discurso do outro é o que linguisticamente se nomeia concessão, que reafirma a validade de um princípio, mas apresenta um argumento opositor em seguida, mantendo o próprio posicionamento e encontrando a verdade do discurso do outro.

> Christian Plantin diz algo importante:
> "Pela concessão, o argumentador modifica sua posição diminuindo suas exigências ou concordando com o adversário em pontos controversos. Do ponto de vista estratégico, ele recua em nome do bom funcionamento das coisas. A concessão é um momento essencial da negociação, entendida como discussão sobre um desacordo aberto, tendendo ao estabelecimento de um acordo".

Uma fala que afirma, por exemplo, "A sociedade brasileira tem toda razão em desejar uma redução drástica da violência e é bastante compreensível que eleja um governo que lhe prometa isso, embora o possa fazer por métodos não despóticos", emprega uma concessão que mantém os interlocutores vinculados sem a barreira taxativa do "Discordo!". Um raciocínio é compartilhado por ambos os lados e, a partir do recuo mencionado por Plantin, a argumentação real se constrói, sem que se anulem as opiniões contrárias.

É PRECISO SABER DISCORDAR. SE O FAZEMOS DE MANEIRA IMPRÓPRIA, ESTAMOS NEGANDO QUE A DIVERSIDADE DE OPINIÕES É LÍCITA E PRODUTIVA.

16. PARA APRESENTAÇÕES EM GRUPO

Muitas atividades avaliativas escolares e acadêmicas são apresentadas em grupos. Normalmente o conteúdo é distribuído em pequenas porções entre os integrantes da equipe. Nesse momento, podem surgir algumas dúvidas:

1. Todos os integrantes devem dizer "Bom dia?"
2. Todos devem dizer o próprio nome?
3. Como dividir o conteúdo sem aparentar várias apresentações individuais?

É essencial que os integrantes do grupo estejam antecipadamente em constante debate quanto ao conteúdo para que as linhas de raciocínio sejam definidas de forma comum, já que pode haver diversos tipos de abordagem sobre um tema. Isso evita que análises inesperadas e contraditórias surjam no momento da apresentação. Surpresas entre os próprios integrantes da equipe são arriscadas e talvez não sejam produtivas.

Também é muito importante que se ensaie em grupo, o que vai fazer com que os integrantes estejam a par do que todos os colegas de equipe vão discutir. Os ensaios ajudam no entrosamento para que informações esquecidas sejam lembradas por outro integrante ou para que não haja repetições não programadas de algumas ideias. Se um apresentador resgata uma palavra de que o outro se esqueceu, isso será visto como uma atuação em que há harmonia e colaboração. Evitar o emprego do "eu" para escolhas que devem se referir à equipe também é necessário para assegurar que os processos são desenvolvidos em grupo e não de maneira egocêntrica.

Se cada um dos integrantes cumprimentar o público a cada fala, a fluência e o ritmo da exposição ficarão prejudicados. É apropriado eleger um apresentador para saudar a assembleia em nome de todo o grupo e apresentar a equipe, bem como delinear as etapas que serão executadas pelos apresentadores. Os cumprimentos individuais ao auditório são adequados a apresentações estanques, como o que acontece em um evento no qual cada convidado, da mesma área ou de áreas diferentes, realiza a sua exposição.

Deve-se observar o tempo limite acordado entre a equipe e os avaliadores. É fundamental que haja uma interação entre os apresentadores do grupo nos gestos, no olhar, nas falas, para ditar o ritmo, a ordem e a organização das exposições e inspirar cooperação.

Durante a fala de um integrante do grupo, os demais precisam estar em postura receptiva de atenção, dando apoio e inspirando segurança. Não é cortês que os integrantes conversem, decidindo aspectos da apresentação enquanto um colega expõe um conteúdo. Os ruídos e a postura alheia gerados por essa conduta atrapalham bastante. É recomendável que, em apresentações em grupo, apenas o apresentador fique de pé, e os demais assentados aguardando a sua vez. Isso colabora para manter a atenção da audiência, ao mesmo tempo em que permite que os demais se concentrem.

Não há problema se os julgamentos e opiniões dos integrantes do mesmo grupo forem discordantes. Isso é natural. Entretanto, os pareceres devem ser justificados e deve-se mostrar que o trabalho foi feito de maneira colaborativa ainda que tenha havido visões distintas.

A seguir, há um modelo para barema com uma série de critérios que, em geral, são avaliados em uma apresentação. Ele auxilia os oradores a comporem sua exposição se preparando para satisfazer o que pode ser cobrado. Avaliadores, professores, bancas de exames utilizam critérios semelhantes a estes, na tabela *"Apreciação dos fundamentos da exposição"* que proponho adiante:

	Critérios de Verificação	Valores		
		Excelentes	Satisfatórios	Insatisfatório
1	Domínio do conteúdo, naturalidade ao expor			
2	Organização na exposição de ideias			
3	Vocabulário adequado à norma padrão			
4	Utilização de recursos impressos			
5	Utilização de recursos de multimídia			
6	Objetividade e concisão			
7	Tom enérgico, entusiasmos e segurança			
8	Interação entre os apresentadores			
9	Contato visual com assembleia			
10	Humildade e cortesia no trato com o público			
11	Adequação aos limites de tempo acordados			
12	Postura corporal ao expor			
13	Vestiário adequado à situação formal			
14	Cumprimento iniciais ao público			
15	Finalização bem definida			

    Esses critérios têm um valor diferente em acordo com o peso atribuído a eles, o que justifica o fato de o item 14, por exemplo, que temporalmente deveria vir primeiro, estar no fim da avaliação. Os primeiros elementos pesam mais que os últimos, ainda que quase todos sejam fundamentais. Os itens de 1 a 5 têm cor diferente daquela dos itens de 6 a 10, que, por sua vez, se diferenciam da cor dos critérios de 11 a 15, o que pode ser empregado para avaliar pesos diferentes. Os itens relativos a recursos impressos ou de multimídia não se referem a ações obrigatórias, mas, se esses recursos forem empregados, eles serão avaliados tanto pelo público quanto por um avaliador institucional.

> É FUNDAMENTAL QUE HAJA UMA INTERAÇÃO ENTRE OS APRESENTADORES DO GRUPO NOS GESTOS, NO OLHAR, NAS FALAS, PARA DITAR O RITMO, A ORDEM E A ORGANIZAÇÃO DAS EXPOSIÇÕES E INSPIRAR COOPERAÇÃO.

17. CONVENCER E PERSUADIR

O livro *A arte de argumentar: gerenciando razão e emoção*, de Antônio Suárez Abreu, leitura obrigatória para quem deseja amplificar suas habilidades de interação, distingue com clareza *convencimento* e *persuasão*. Antônio Suárez Abreu esclarece que convencer se relaciona à razão e persuadir, à emoção.

Suponha-se um pai que pretende convencer o filho de 4 anos de idade a comer brócolis e espinafre postos no prato do almoço. Se o pai afirma que aqueles alimentos são ricos em vitamina K e que isso é muito bom para seus ossos e seus dentes, interagindo bem com o cálcio do leite, e sendo lipossolúvel, irá atuar junto da coagulação sanguínea, a criança terá ouvido argumentos convincentes, mas dificilmente realizará a ação desejada pelo pai. As informações são razoáveis e até científicas; podem convencer, mas não podem persuadir. Se, de outro modo, o pai diz "Come tudo porque assim vai ficar forte!" ou "Come tudo, porque vou te dar um doce!", estará falando aos sentimentos do filho.

É preciso argumentar mesclando o convencimento e a persuasão.

Suponha-se uma mãe que sempre fumou. Muitos disseram a ela que o cigarro pode causar enfisema pulmonar, mas ela ainda fuma. Médicos disseram a ela que o cigarro pode causar câncer, mas ela ainda fuma, até porque muitos médicos fumam. Alguns amigos disseram a ela que o cigarro pode causar infarto, mas ela ainda fuma. Uma vizinha disse a ela que aquele cigarro que está na boca poderia ser convertido em um pão a mais na mesa de seus filhos. Ela reflete dentro de si, desfragmenta o cigarro abaixo da sola de seu sapato e nunca mais volta a fumar.

É preciso avaliar o que será mais adequado a nosso auditório, menos ou mais razão e teoria, menos ou mais emoção e afeto. De todo modo, a assembleia sempre será composta por *pessoas*, dotadas de razão e emoção.

Tantas religiões se valem de mecanismos que comunicam à emoção os propósitos divinos evocando um *hiperenunciador*, o que para Maingueneau, é um nível de enunciação "cuja autoridade garante menos a verdade do enunciado, e mais amplamente sua "validade", sua adequação aos valores, os fundamentos de uma coletividade". Em palavras simples, aquilo deve ser feito porque Deus o deseja.

O poder (trans)formador das religiões em seus instrumentos de persuasão movem os milhares de comunidades e mudam comportamentos. São conhecidas as competências de oratória atribuídas a líderes religiosos. Na voz de Maquiavel, "Quando se examina o espírito da história romana, é forçoso reconhecer que a religião serviu para comandar os exércitos, levar concórdia ao povo, zelar pela segurança dos justos, fazer com que os maus corassem pelas suas infâmias".

Os recursos de presença, que consistem em *mostrar* além de explicar, são altamente persuasivos e, conseguintemente, argumentativos. Eles falam com efeito aos sentimentos do interlocutor. As propagandas de carro não apenas dizem quais os acessórios o veículo oferece, mas o mostram vigoroso nas estradas irregulares, vencendo as vias de pedregulhos, cruzando forte áreas alagadas, subindo incólume montanhas íngremes. Tudo isso diz aos sentimentos do espectador.

Chaim Perelman e Lucie Olbrechts-Tyteca, em seu Tratado da argumentação, comentam um distinto exemplo de um relato chinês:

> *Um rei vê passar um boi que deve ser sacrificado. Sente piedade dele e ordena que o substituam por um carneiro. Confessa que isso aconteceu porque estava vendo o boi e não via o carneiro.*

Conforme ditos populares, "o que os olhos não veem o coração não sente". Em geral, o auditório deseja visualizar e diria, se pudesse, aos oradores e palestrantes que credita pouco, "a não ser que veja as feridas dos pregos nas suas mãos, ponha nelas os meus dedos e toque com a minha mão na ferida do seu lado.", como o disse Tomé no livro de João.

O comunicador pode, por exemplo, ao explicar uma teoria, mostrar o livro físico à assembleia em vez de apenas citá-lo, rebrilhando suas características de consolidação no cenário técnico e especializado, empunhando-o firmemente aos olhos dos espectadores, comentando a sabedoria dos autores, reafirmando o título e as ideias de impressão, apontando a capa em direção aos olhos dos ouvintes.

> **É PRECISO AVALIAR O QUE SERÁ MAIS ADEQUADO A NOSSO AUDITÓRIO, MENOS OU MAIS RAZÃO E TEORIA, MENOS OU MAIS EMOÇÃO E AFETO. DE TODO MODO, A ASSEMBLEIA SEMPRE SERÁ COMPOSTA POR PESSOAS, DOTADAS DE RAZÃO E EMOÇÃO.**

18. O MELHOR ORADOR IRÁ FALHAR

Lembremo-nos da vida de Demóstenes. O orador grego venceu dificuldades grandiosas para alcançar êxito nas falas em público. O que se diz sobre seus investimentos radicais é que chegou a raspar os cabelos de apenas um dos hemisférios da cabeça para que a vergonha de sair em público o mantivesse em casa estudando oratória. O exemplo de Demóstenes nos remete a esforços extra-humanos que muitos realizam em razão da busca pelo sucesso.

Tantos atletas levam o corpo a limites extremados visando a altos desempenhos e a recordes. É melhor que a preparação dos oradores não seja tão descomunal. O radicalismo não condiz com posturas humanas e pode trazer males irreparáveis como perda dos afetos, desequilíbrio emocional, distanciamento dos familiares e amigos, debilitação da saúde. O melhor orador, por mais bem-sucedida que tenha sido sua fala, pode estar descontente consigo mesmo ou com algum aspecto que poderia ter sido ainda melhor. Altos níveis de exigência podem fazer avançar se vistos como limitações humanas que serão vencidas gradativamente e com prática orientada, mas podem prejudicar se o orador desejar ser o melhor e imediatamente.

Por mais bem-sucedido que seja um discurso, o orador dificilmente agradará a integralidade do público pela diversidade de ideologias que circulam socialmente. O fato de alguém não aprovar a análise proposta pelo orador não deve ser, evidentemente, motivo de frustração. O que deve orientar o sucesso do discurso é a capacidade de expor com clareza e personalidade as ideias buscando o acordo. O melhor orador pode, em algum momento, falhar nos princípios de oratória, pode passar na frente dos eslaides, pode mostrar um cacoete de linguagem, pode desviar os olhos dos olhos da assembleia. O mais importante, então, é saber que isso não fará dele um orador desqualificado, porque continua a ser humano.

Um exemplo particular: eu tinha acabado de me formar na faculdade e tinha pouquíssima experiência com a fala em público, afora os trabalhos acadêmicos apresentados em sala de aula. Foi quando uma professora que tive no Ensino Médio me convidou para palestrar – na escola pública onde estudei por mais de dez anos – sobre a importância da leitura. Devido à pouca experiência com plateia, me esforcei bastante no preparo durante dias: memorizei frases de impacto e tópicos importantes, revisei exaustivamente os eslaides, preparei um sorriso para o cumprimento inicial, tentei prever perguntas. Chegado o dia, o auditório estava cheio. Falei com dedicação e seriedade para cerca de cem estudantes do Ensino Médio. O assunto era sério e importante, e, na metade da discussão, eu demorei um pouco mais na explicação de um eslaide quando todos começaram a rir alto e sem parar. Eu me virei para a tela e vi que o computador havia entrado automaticamente nas fotos de minha viagem recente a Porto Seguro e projetou os cliques de sunga e de descontração! Foi difícil me concentrar novamente e pensei que a palestra havia terminado ali. Curiosamente, os alunos que me olhavam distantes me achando um erudito intocável perceberam que eu era tão humano quanto eles e se aproximaram mais de minha mensagem.

Os recursos oferecidos pela oratória estão a serviço das ideias, da mensagem e não devem ter um fim em si mesmos. O bom comunicador, o bom palestrante, o bom argumentador estará sempre em evolução visando ao bem da comunidade na qual se situa.

ALTOS NÍVEIS DE EXIGÊNCIA PODEM FAZER AVANÇAR SE VISTOS COMO LIMITAÇÕES HUMANAS QUE SERÃO VENCIDAS GRADATIVAMENTE E COM PRÁTICA ORIENTADA, MAS PODEM PREJUDICAR SE O ORADOR DESEJAR SER O MELHOR E IMEDIATAMENTE.

19. A ORATÓRIA DA SEDUÇÃO

Há bastantes textos divulgados acerca de técnicas empregadas na conquista íntimo-amorosa. Em geral, essas discussões baseiam-se mais em mecanismos de persuasão e menos em instrumentos de convencimento. A primeira impressão que se tem desses textos é de que não sejam sensatos, visto que cada pessoa é única e será conquistada por formas muito particulares, e que, portanto, não há uma regra para conquistas íntimo-amorosas.

Um argumento convincente, no entanto, empregado pela oratória da sedução, é o de ser apelativa quanto aos universais humanos. O amor ou o sexo são, concomitantemente, um fato íntimo e geral nas pessoas. Uma técnica publicada de sedução que se apoia nisso consiste em, durante a ocasião da abordagem da mulher ou do homem alvejado, empregar esforço para extrair em conversa os assuntos pelos quais a pessoa se interessa. Caso ela devolva a fala a quem tenta seduzir, é preciso empregar novo esforço para que a pessoa continue a falar de seus gostos mais pessoais, de suas escolhas de vida. Ao fim da conversa, a pessoa encontrará no sedutor alguém que tem um diálogo bastante agradável quando, na verdade, só ela falou. O sucesso acontecerá porque todos sentimos prazer em falar sobre temas que nos tangem preferências pessoais.

O maior ensinamento da oratória da sedução não se trata, porém, de empenhar técnicas que proporcionem o acesso aos lábios, à língua do outro, ao seu corpo. A mais preciosa lição, de que todos os oradores devem se beneficiar, é, então, ter um caráter de empatia bastante diligente. Saber posicionar-se no lugar do outro e compreender-lhe os motivos de suas escolhas e, logo, ser um bom ouvinte de suas idiossincrasias. Vendedores necessitam entender as predileções dos clientes, filhos precisam saber das estimas dos pais, políticos carecem de compreender os requerimentos de seus eleitores, professores precisam saber das demandas de seus estudantes, maridos devem perceber os desejos de suas esposas. Todos vivemos em processos intermináveis de seduções diuturnas se decidimos viver socialmente.

Ouvir em primeiro lugar é a primeira estratégia de sedução, visto que a pessoa que nos fala entrega à nossa confiança seus fatos pessoais, suas dúvidas, seus dilemas, suas convicções e suas decisões. Nosso olhar, nosso tom de voz, nosso corpo voltado para a pessoa devem demonstrar que estamos atentos. A simbologia nas respostas dadas a ela, as metáforas, o suspense fazem com que imagine sem concluir, despertando o desejo de querer investigar mais. A sinceridade nas respostas ao mesmo tempo em que se diz o que a pessoa tem vontade de ouvir fazem parte da sedução.

Algo que o orador sedutor sempre precisa ter em conta é o fato de que as palavras ditas estabelecem não uma combinação fortuita de sons, mas atos e ações concretas, como se ilustra pelo texto seguinte:

Palavras, o vento (não) leva

Olden Hugo

Quando se diz, se faz. Uma frase tem potência suficiente. Aquilo que é dito continua a reverberar depois que quem falou se cala. Um coração fragilizado por algo que se ouviu continuará a sentir a dor do ferimento ainda por algum tempo.

A palavra sobrevive à revelia daquele que lhe deu o primeiro sopro de vida. Afora o caso de serem ditas novas palavras que cicatrizem as antigas, o golpe do dito persevera. Porque quando se fala, se golpeia.

Dizer é realizar. O amor, o bem, a paz são pouco mais que palavras. Os mais sublimes sentimentos, e todos os outros, são concretizados pelas palavras ou ladeados por elas. Porque falar é fazer.

> Alguém que não cumpre sua promessa deixa de dar um abraço, faz insatisfeita a vontade do beijo, não sente o cheiro do hálito do outro na data marcada, cega provisoriamente o olhar que deveria estar diante de outro olhar. Porque uma palavra enviada é uma criação efetiva.
>
> O marido alveja a mulher com uma frase lancinante. Ela imediatamente pensa em como perdoá-lo, mas, ainda acometida de mágoa funda, não consegue fazê-lo. Porque a palavra ora é punho bem cerrado ora mão espalmada.
>
> Um garoto diz a uma garota que os cabelos dela são os mais lindos do mundo, o que é uma mentira, que, com efeito, é a verdade dele estabelecida em sons indestrutíveis. Ele terá essa garota para sempre. Porque quem fala faz.
>
> E como não existe palavra vazia, as palavras ferem, ou curam, depreciam, ou apreciam, entristecem, ou alegram grandemente. Porque verbo é ação.
>
> O cuidado com o que se diz ou com o que se escreve é o cuidado com o efeito que as palavras produzirão na vida do outro. O cuidado com o que se ouve ou com o que se lê é o cuidado do acolhimento amoroso ou o do apagamento convicto, custoso e sentido. Porque, com palavras, se pode matar ou amar.
>
> Disponível em: <https://cronistasdoifalmenara.wordpress.com/2017/05/06/palavras-o-vento-nao-leva/>. Acesso: 25 de setembro de 2018.

As palavras seduzem, mas não o fazem sozinhas. A conduta do sedutor deve ser coerente com o que diz para que a palavra dita seja uma atitude e um fato amoroso na vida do outro.

20. NUNCA DISCUTA COM IDIOTAS

Em meio a uma infinidade de posicionamentos, discursos e ideias, atribui-se a Mark Twain o seguinte pensamento: "Nunca discuta com pessoas idiotas. Elas vão arrastá-lo ao nível delas e ganhar de você por terem mais experiência em serem ignorantes". Foi dito no primeiro fundamento da oratória que *falamos* à dignidade das pessoas, o que é um preceito inarredável. É preciso considerar também que existe um sem-número de indivíduos que não estão abertos ao diálogo por não serem tolerantes com o posicionamento antagônico.

Muitas dessas pessoas não se predispõem ao pensamento empático que proporcionaria começar a entender o que leva o interlocutor a pensar diferentemente. Tantas vezes, em temas ligados, por exemplo, a política ou a religião, há um *páthos*, isto é, motivos não racionais, que move o pensar e o agir de alguns por partidarismo, bairrismo, corporativismo ou até mesmo por obscurantismo.

Como estão fortemente arraigados em suas crenças e posturas e não se abrem à contestação, esses interlocutores produzem debates que pouco ou nada oferecem de avanço em temas sociais. São pessoas tóxicas assim que chegam a ser violentas e que fazem com que sentimentos muito ruins sejam despertados em quem com elas conversa. Essa toxicidade deve ser evitada o quanto possível, já que ela tem o poder de gerar angústia, descontrole, revolta, tristeza e outros sentimentos que prejudicam a racionalidade do debate, a argumentação salutar e a empatia necessária.

Martha Medeiros disse que a arrogância não é julgar-se melhor que o outro, mas não aceitar que somos todos iguais. Ela menciona o caso do juiz com arma de fogo impedido de entrar no supermercado pelo vigia que avisou que o expediente já se havia encerrado. O juiz atirou, matou e entrou. Foi impossível admitir a ideia de que um vigia tinha, naquele momento, a autoridade para não permitir que um juiz – ou qualquer outra pessoa – entrasse. Interlocutores arrogantes sempre têm razão e nunca se dão o benefício da dúvida.

Há uma distinção fundamental entre *idiotas* e *imaturos*. Alguém pode persistir numa discussão em que está equivocado, e isso não o faz idiota, mas uma pessoa inexperiente que precisa de orientação. A outras pessoas falta humanidade e faltam valores morais de modo que não respeitam direitos básicos, são preconceituosas e agem com antiética e sem altruísmo. Nosso debate com quem tem essa postura seria uma luta homérica e, possivelmente, vã, já que anos de formação e de boa educação se exigiriam para converter tais indivíduos em pessoas tolerantes e éticas.

Para a nossa saúde espiritual e dos raciocínios, chega a ser compulsório buscar distanciamento dessas pessoas que portam discursos tóxicos e radioativos. É preciso que nos cerquemos de pessoas que nos tornem melhores, que nos critiquem de maneira a nos ajudar, que nos estimulem ao avanço constante como seres humanos.

Deixar de seguir alguém de discurso tóxico nas redes sociais traz grandes percepções de libertação. Não dar prosseguimento a debates fundamentalistas, autoritários, que se encaminham a doestos e unilateralismos é uma atitude em favor de uma evolução em outros debates.

Aprender a argumentar inclui também silenciar diante da truculência de um debatedor que, de tão ignorante, achará que venceu o debate.

PARTE II

ESTRATÉGIAS ARGUMENTATIVAS

Conhecer bem algumas estratégias argumentativas é um dos fundamentos para a argumentação de mecanismos conscientes e eficazes. Os argumentos asseguram as ideias, ilustram os raciocínios e levam reflexão ao público ouvinte. Fiorin nos informa que "O argumento é o que realça, o que faz brilhar uma ideia" e que a palavra *argumento* tem a mesma raiz etimológica de *argênteo*, do latim *argentum*, "prata".

Por meio de estratégias argumentativas, conciliamos persuasão e convencimento, fortificando os raciocínios que estamos a expor e defender. E mesmo argumentos sem força descomunal serão úteis se empregados de modo estratégico, como lembra Admir Ramos: "Quando entre diferentes argumentos e provas tem o orador uma ou duas que julga fracas, mas as deseja lançar, aconselha Cícero que sejam elas postas no meio das outras, onde a sua fraqueza se fará menos sensível".

> As estratégias argumentativas possuem como finalidade o aumento da eficácia do discurso, de acordo com os objetivos pretendidos pelo locutor. A eficiência dessas estratégias depende do conhecimento sobre os interlocutores a quem a fala é dirigida. Elas procuram causar influência sobre o sistema de conhecimentos enciclopédicos ocasionando, dessa forma, uma mudança no comportamento do interlocutor, ou seja, procura levar o interlocutor a efetuar uma ação pretendida ou a ter vontade para realizar uma ação desejada pelo locutor (Bruna Wysocki, 2008, USP).
>
> Disponível em: <http://www.gel.org.br/estudoslinguisticos/volumes/38/EL_V38N3_20.pdf>. Acesso em: 15 de julho de 2016.

Adiante, são elencadas algumas estratégias argumentativas muito úteis, produtivas e férteis:

1. ANTECIPAÇÃO (PREVISÃO):

Trata-se de uma estratégia em que são previstas as contra-argumentações possíveis à tese defendida e imediatamente já se desqualifica todo argumento contrário, apontando as falhas de raciocínio ou fragilidades que se verificam na contraposição.

> Costuma-se argumentar que a maconha é uma "porta de entrada" para outras drogas e que seus usuários têm uma maior probabilidade de experimentarem drogas mais pesadas, como a heroína. No entanto, de acordo com William Martin, Universidade de Rice – Texas, "pouquíssimas pessoas progridem para o consumo de drogas mais pesadas. Apenas 0,6% usam cocaína mensalmente, e este número cai para 0,2% no caso da heroína e da metanfetamina."
>
> Disponível em: <https://caiorivas.jusbrasil.com.br/noticias>. Acesso: 22 de maio de 2018.

2. ARGUMENTO PELO TESTEMUNHO:

É o fato de o enunciador estar ou ter passado por situação que o habilita a assegurar suas reflexões acerca da tese. Nesse caso, nem sempre há mecanismos bastantes à mão do interlocutor ou leitor para que verifique a veracidade dos relatos de testemunho pelo enunciador. É uma prática constante em cerimônias religiosas e em eventos jurídicos. Segue o exemplo de Eliane Brum:

> **Meu filho, você não merece nada**
>
> Eliane Brum
>
> Tenho me deparado com jovens que esperam ter no mercado de trabalho uma continuação de suas casas – onde o chefe seria um pai ou uma mãe complacente, que tudo concede. Foram ensinados a pensar que merecem, seja lá o que for que queiram. E quando isso não acontece – porque obviamente não acontece – sentem-se traídos, revoltam-se com a "injustiça" e boa parte se emburra e desiste.
>
> Como esses estreantes na vida adulta foram crianças e adolescentes que ganharam tudo, sem ter de lutar por quase nada de relevante, desconhecem que a vida é construção – e para conquistar um espaço no mundo é preciso ralar muito. Com

ética e honestidade – e não a cotoveladas ou aos gritos. Como seus pais não conseguiram dizer, é o mundo que anuncia a eles uma nova não lá muito animadora: viver é para os insistentes.

É como se os filhos nascessem e imediatamente os pais já se tornassem devedores. Para estes, frustrar os filhos é sinônimo de fracasso pessoal. Mas é possível uma vida sem frustrações? Não é importante que os filhos compreendam como parte do processo educativo duas premissas básicas do viver, a frustração e o esforço? Ou a falta e a busca, duas faces de um mesmo movimento? Existe alguém que viva sem se confrontar dia após dia com os limites tanto de sua condição humana como de suas capacidades individuais?

Nossa classe média parece desprezar o esforço. Prefere a genialidade. O valor está no dom, naquilo que já nasce pronto. Dizer que "fulano é esforçado" é quase uma ofensa. Ter de dar duro para conquistar algo parece já vir assinalado com o carimbo de perdedor. Bacana é o cara que não estudou, passou a noite na balada e foi aprovado no vestibular de Medicina. Este atesta a excelência dos genes de seus pais. Esforçar-se é, no máximo, coisa para os filhos da classe C, que ainda precisam assegurar seu lugar no país.

Seria muito bacana que os pais de hoje entendessem que tão importante quanto uma boa escola ou um curso de línguas ou um Ipad é dizer de vez em quando: "Te vira, meu filho. Você sempre poderá contar comigo, mas essa briga é tua". Assim como sentar para jantar e falar da vida como ela é: "Olha, meu dia foi difícil" ou "Estou com dúvidas, estou com medo, estou confuso" ou "Não sei o que fazer, mas estou tentando descobrir". Porque fingir que está tudo bem e que tudo pode significa dizer ao seu filho que você não confia nele nem o respeita, já que o trata como um imbecil, incapaz de compreender a matéria.

Disponível em: <http://revistaepoca.globo.com/Revista/Epoca>. Acesso: 31 de março de 2020 (adaptado).

A primeira frase do artigo de Eliane Brum refere-se a um fato que a voz que verbaliza no texto constata por experiência e não relacionado a dados científicos ou por pesquisa de outro gênero. A argumentação seguinte é consistente, lúcida e louvável pela quantidade de imagens que se listam e que comprovam a tese inicial, não porque alguém disse, mas porque a voz do locutor do texto afirma ter visto e vivenciado. O mesmo acontece no texto de Moacyr Scliar, a seguir:

Quais são, mesmo, os afluentes do Amazonas?

Moacyr Scliar

Há pouco tempo faleceu um dos melhores professores que tive, Alfredo Steinbruch, que lecionava Física no Julinho. Lembro muito bem a primeira aula que nos deu, e que foi cercada da maior expectativa: como tinha fama de ralador, todos nós estávamos ansiosos. O professor Alfredo entrou na sala, foi direto para o quadro e escreveu: Calor → dilatação. Assim mesmo: *calor* – flechinha – *dilatação*. E todos nós imediatamente copiamos: *calor* – flechinha – *dilatação*.

Ele pousou o giz, olhou-nos e fez uma pergunta que nos deixou a todos perplexos. Perguntou por que havíamos copiado aquilo.

Ninguém soube responder.

O professor então passou o resto da aula explicando: é mais importante entender do que copiar.

Não sei como será a escola no futuro, mas de uma coisa estou seguro: a regra do professor Steinbruch será mais válida do que nunca. Durante muito tempo, ensino foi sinônimo de informação: nomes, datas, batalhas, lugares. Coisas que os alunos copiavam, ou liam nos livros, e memorizavam — porque aquilo caía no exame. Nada mais paradigmático a esse respeito do que a lista de afluentes do Amazonas. Trata-se de um rio longo, e, portanto, cheio de afluentes. Era preciso recitá-los de memória, os da margem esquerda e os da margem direita. Nós nunca tínhamos ido à Amazônia, nunca tínhamos visto os rios da região, mas sabíamos seus nomes. Por que é um mistério que nunca esclareci.

Informação memorizada é algo que, daqui em diante, ficará cada vez mais por conta do computador.

Não é preciso lembrar, é preciso saber como acessar. A memória do computador nos dará todo tipo de informações.

O que o computador não nos ensinará é como entender as coisas. E também não nos ensinará o valor das emoções. Nesse binômio, entendimento e emoção, está o objetivo maior da educação.

Exemplar, a esse respeito, é o ensino da literatura. A pergunta que, em geral, se faz a respeito de um texto é: o que quis o autor dizer com isso? Pergunta difícil, para a qual o próprio escritor muitas vezes não tem resposta. Eu perguntaria ao leitor, em primeiro lugar: o que sentiste lendo esse texto? Em que ele aumentou a tua compreensão do mundo, da vida?

No futuro, os escolares saberão dos afluentes do Amazonas não recitando os nomes, mas indo até lá, conhecendo como é o lugar, como vivem os habitantes da região. E aí os nomes surgirão naturalmente. A propósito, como se chamam os afluentes da margem direita?"

Zero Hora, 26 set. 1999. *Revista ZH*.

O locutor do texto se utiliza de uma narrativa curta no início da argumentação para ilustrar a reflexão a partir de um fato experienciado por ele e que adquire validade porque ele viu o que aconteceu e está, portanto, autorizado a falar.

3. DEFINIÇÕES ETIMOLÓGICAS:

As definições etimológicas consistem em buscar no tempo os primeiros significados das palavras nas estruturas primitivas que a formaram. Esse recurso tem estratégia plurívoca na argumentatividade, em vista de representarem muitas vezes conceitos manipulados pelo locutor que pretende a persuasão, a dissuasão ou o convencimento. É preciso estar atento ao fato de que nem sempre a etimologia reflete fielmente o significado atual de determinadas palavras. É o que discute o texto *O sentido verdadeiro*, de Olden Hugo, adiante:

O sentido verdadeiro

Olden Hugo

A expressão "palavras de baixo calão" relaciona-se originalmente à língua cigana e deriva de "caló", cujo significado remete a "preto". A conclusão imediata é a de que "palavras de baixo calão" é uma expressão racista, já que se refere a um modo de falar sujo, descortês e impolido, associado à cor negra. Em um programa de televisão, desses a que se assiste quando não há o que fazer, uma jornalista disse que a palavra "denegrir" deveria ser extinta de nossas bocas, pois sua origem está na palavra "negro" e se associa ao sentido de menosprezar.

De fato, as palavras ficam carregadas de sentimentos, porque já não se pode separá-las da humanidade. Elas se submetem à aprovação ou à recriminação das pessoas que as empregam. Todas as palavras nos são mãos e pés, de modo que "dizer" é fazer uso dos recursos mais elementares de que alguém dispõe em si, como o coração, o pensamento e o afeto.

A palavra "perfume", de origem latina, tem a preposição arcaica *per*, hoje *por* ou *através de*, e a raiz *fumus, vapor* ou *fumaça*. Essa origem remonta aos rituais em que os deuses eram adorados "através de fumaças" cheirosas. Mas hoje ninguém se lembra de Deus quando se perfuma para ir à micareta.

Em minha terra-natal, os pais chamam, com amor, os filhos travessos de *malinos*, sem saberem que historicamente a palavra remete a *maligno*, que é o chamamento do demônio. Do mesmo modo, quem se diz entusiasmado com uma partida de

> futebol, não quer se dizer tomado por uma divindade, já que *entusiasmo* relaciona-se ao grego *theós, Deus*.
>
> O radical originário de *comer* veio do latim *edere*, mas, em razão de o ato de comer ser considerado pelos romanos um momento de se festejarem as companhias, *edere* vinha junto da preposição latina *cum*, para nós *com*, portanto *cum edere, comer com*. É privilégio de poucos, entretanto, comer sempre acompanhado, já que nos obrigamos várias vezes a comer rápido um salgado no horário de almoço, em frente a um espelho na lanchonete lotada de desconhecidos.
>
> Não pensamos etimologicamente a língua, porque seria custoso demais ter que nos lembrar do grego e do latim, do hebraico e do árabe, do quimbundo e do tupi quando falamos cada palavra do português brasileiro. Historicamente as palavras têm sentidos apagados e ressituados em nosso tempo. É certo que as palavras vivem, mas a língua não se culpa do racismo de pessoas arrogantes.
>
> A jornalista negra que pediu o embargo da palavra *denegrir* disse que o termo *neguinha* pode ser carinhoso ou depreciativo, isso comprova que o mal ou o bem depende mais da pessoa que faz uso da língua do que da palavra em si.
>
> Disponível em: <https://cronistasdoifalmenara.wordpress.com/2017/06/07/o-
-sentido-verdadeiro/>. Acesso: 13 de agosto de 2017.

4. ARGUMENTO DO DESPERDÍCIO:

Uma estratégia argumentativa vigorosa é o Argumento do desperdício, que se constrói pela ideia de que muito será perdido caso se abandone um projeto já iniciado. Perelman e Tyteca, em seu Tratado da argumentação, afirmam que esse argumento

> consiste em dizer que, uma vez que já se começou uma obra, que já se aceitaram sacrifícios que se perderiam em caso de renúncia à empreitada, cumpre prosseguir na mesma direção. Essa é a justificação fornecida pelo banqueiro que continua emprestar ao seu devedor insolvente, esperando, no final das contas, ajudá-lo a sair do aperto (PERELMAN, 2014, p. 317-318).

Uma das premissas desse tipo de argumento é "Não pesem a nós os passos que faltam, mas o quanto já foi caminhado". Um exemplo acerca da realidade brasileira está à frente:

Hoje temos no Brasil um dos maiores eleitorados do mundo, mas, em um passado recente, houve ditadura e grande exclusão de minorias como analfabetos, mulheres, pobres e negros. Portanto, após tantas lutas pelo sufrágio universal, não é aceitável que nas eleições de 2018, quase 30 milhões de brasileiros tenham deixado de comparecer às urnas.

5. PERGUNTA RETÓRICA:

A pergunta retórica é uma questão que se desdobra em reflexões e orienta para uma resposta prevista pelo orador – ou escritor – e direcionada por ele.

É seguro ser mulher?

Olden Hugo

O reconhecimento social do papel da mulher nas relações humanas começou a tomar forma muito tardiamente no início do século 20 com o Dia internacional da mulher, que foi instituído a partir de um sacrifício de mulheres que trabalhavam em condições adversas. É evidente que essa data comemorativa não foi bastante para suprimir o histórico de desrespeito aos direitos das mulheres e a sucessão de fatos de opressão ao sexo feminino. O pensamento atemporal de que o trabalho doméstico – não remunerado – deva ser realizado pela mulher, as desigualdades salariais entre gêneros em empregos formais hoje, a intolerância, a misoginia e a preponderância masculina em funções de destaque social, como cargos políticos e de chefia, demonstram com clareza o trato inferior destinado às mulheres ao longo da história.

Mesmo a criação e atualização de leis protetivas à mulher, hoje presentes em vários países da América Latina, têm sido medidas insuficientes para alterar de maneira sensível o quadro de cerceamento a que a condição feminina é submetida. O caráter recente da Lei Maria da Penha e da Lei do Feminicídio faz com que muitos dados sejam mascarados quanto à realidade dos crimes praticados contra a mulher. Os assassinatos em relações íntimo-amorosas eram, antes das leis, elencados entre os homicídios ditos simples, o que contraria a noção de que não se deve tratar crimes, de características particularizadas, na forma generalizada de homicídio. O feminicídio é indubitavelmente um crime de caráter evitável, visto que é prenunciado por violência doméstica, muitas vezes contínua e diuturna, em forma de lesão corporal e agressão psicológica.

Novamente a impotência imputada à mulher por uma sociedade patriarcal a impede de denunciar o agressor, geralmente parceiro ou ex-parceiro, por medo de retaliação. Nesses casos, as medidas protetivas devem ser mais concretas como na oferta de abrigo às denunciantes. Esse tipo de proteção, que deve ser prioritariamente governamental e policiado, garantirá que muitas mulheres não morram com o boletim de ocorrência em mãos. O silêncio de tantas mulheres, coerente com uma organização social que calou sua voz política por séculos, não garante obviamente sua segurança. Da mesma forma, as delegacias ou promotorias especializadas nesses crimes devem ser amplamente estabelecidas a fim de assegurar o trato particular à violência sexista e proteção às vítimas.

As leis precisam continuar seu avanço, para aumentar sua eficácia, na luta contra uma longa série de atos de inferiorização à mulher, dando visibilidade à opressão, desvelando a comunidade ofensiva ao gênero feminino e evitando a violência doméstica, como tem feito a Lei Maria da Penha. Esses avanços serão concretizados com a institucionalização, além das delegacias e promotorias especializadas, das casas abrigo para vítimas de violência por discriminação de gênero. No entanto, não apenas medidas combativas atuam na mitigação do problema. É preciso lembrar que as medidas preventivas formam uma nova sociedade com modos de pensar mais respeitosos, o que é auferido, por exemplo, a partir da educação básica que insere ininterruptamente em seus currículos os temas da civilidade e socialização tolerantes e harmoniosas de reconhecimento da importância do outro.

A inversão da culpabilidade do trato discriminatório às mulheres, aquela que diz que a culpa é da vítima, é um obstáculo a ser vencido pela mudança de consciência. A hostilização às mulheres em músicas, a objetificação em publicidades, a banalização em ambientes compartilhados precisam ser identificadas pontualmente por cidadãos conscientes do retrocesso social contido nesses atos. É pela educação e pela lei, pela prevenção e pelo combate que uma sociedade equânime será efetivada impedindo que mulheres morram no lugar em que deveriam estar seguras: dentro de suas próprias casas.

Disponível em: <https://cronistasdoifalmenara.wordpress.com/2019/06/04/e-
-seguro-ser-mulher/>. Acesso: 31 de março de 2020.

6. INTERTEXTUALIDADE:

É a relação implícita ou explícita entre textos que dialogam em temáticas, posicionamentos, posturas, julgamentos, modos de linguagem como em forma de paráfrase, citação, alusão, paródia etc., "cujo entendimento depende de o leitor ter, em seu repertório, conhecimento de um outro texto" (ABREU, 2008, p. 63-64). O texto de Rosemary Urquico, por exemplo, firma diálogo com um rico conjunto de textos de ficção:

Namore uma garota que lê

Rosemary Urquico

Namore uma garota que gasta seu dinheiro em livros, em vez de roupas. Ela também tem problemas com o espaço do armário, mas é só porque tem livros demais. Namore uma garota que tem uma lista de livros que quer ler e que possui seu cartão de biblioteca desde os doze anos. Encontre uma garota que lê. Você sabe que ela lê porque ela sempre vai ter um livro não lido na bolsa. Ela é aquela que olha amorosamente para as prateleiras da livraria, a única que surta (ainda que em silêncio) quando encontra o livro que quer. Você está vendo uma garota estranha cheirar as páginas de um livro antigo em um sebo? Essa é a leitora. Nunca resiste a cheirar as páginas, especialmente quando ficaram amarelas. Ela é a garota que lê enquanto espera em um Café na rua. Se você espiar sua xícara, verá que a espuma do leite ainda flutua por sobre a bebida, porque ela está absorta. Perdida em um mundo criado pelo autor. Sente-se. Se quiser ela pode vê-lo de relance, porque a maior parte das garotas que leem não gostam de ser interrompidas. Pergunte se ela está gostando do livro. Compre para ela outra xícara de café. Diga o que realmente pensa sobre o Murakami. Descubra se ela foi além do primeiro capítulo da Irmandade. Entenda que, se ela diz que compreendeu o Ulisses de James Joyce, é só para parecer inteligente. Pergunte se ela gosta ou gostaria de ser a Alice.

É fácil namorar uma garota que lê. Ofereça livros no aniversário dela, no Natal e em comemorações de namoro. Ofereça o dom das palavras na poesia, na música. Ofereça Neruda, Sexton Pound, Cummings. Deixe que ela saiba que você entende que as palavras são amor. Entenda que ela sabe a diferença entre os livros e a realidade mas, juro por Deus, ela vai tentar fazer com que a vida se pareça um pouco com o seu livro favorito. E se ela conseguir não será por sua causa. É que ela tem que arriscar, de alguma forma. Minta. Se ela compreender sintaxe, vai perceber a sua necessidade de mentir. Por trás das palavras existem outras coisas: motivação, valor, nuance, diálogo. E isto nunca será o fim do mundo. Trate de desiludi-la. Porque uma garota que lê sabe que o fracasso leva sempre ao clímax. Essas garotas sabem que todas as coisas chegam ao fim. E que sempre se pode escrever uma continuação. E que você pode começar outra vez e de novo, e continuar a ser o herói. E que na vida é preciso haver um vilão ou dois. Por que ter medo de tudo o que você não é? As garotas que leem sabem que as pessoas, tal como as personagens, evoluem. Exceto as da série Crepúsculo.

Se você encontrar uma garota que leia, é melhor mantê-la por perto. Quando encontrá-la acordada às duas da manhã, chorando e apertando um livro contra o peito, prepare uma xícara de chá e abrace-a. Você pode perdê-la por um par de horas, mas ela sempre vai voltar para você. E falará como se as personagens do livro fossem reais — até porque, são mesmo. Você tem de se declarar a ela em um balão de ar quente. Ou durante um show de rock. Ou, casualmente, na próxima vez que ela estiver doente. Ou pelo Skype. Você vai sorrir tanto que acabará por se perguntar por que é que o seu coração ainda não explodiu e espalhou sangue por todo o peito. Vocês escreverão a história das suas vidas, terão crianças com nomes estranhos e gostos mais estranhos ainda. Ela vai apresentar os seus filhos ao Gato do Chapéu [Cat in theHat] e a Aslam, talvez no mesmo dia. Vão atravessar juntos os invernos de suas velhices, e ela recitará Keats, num sussurro, enquanto você sacode a neve das botas.

Namore uma garota que lê porque você merece. Merece uma garota que pode te dar a vida mais colorida que você puder imaginar. Se você só puder oferecer-lhe monotonia, horas requentadas e propostas meia-boca, então estará melhor sozinho. Mas se quiser o mundo, e outros mundos além, namore uma garota que lê. Ou, melhor ainda, namore uma garota que escreve.

Tradução e adaptação – Gabriela Ventura

Disponível em: <https://agarotaeseuslivros.wordpress.com/2011/05/12/namore-uma-garota-que-le/>. Acesso: 31 de março de 2020.

Namore uma garota que lê emprega uma simbologia extraordinária para argumentar a favor dos ganhos conquistados pelo hábito de ler. A figura da menina leitora é obviamente um mote para a reflexão sobre a leitura de textos ficcionais, pois a *pessoa* que lê será melhor, independentemente do gênero. A constelação de textos literários elencados forma um diálogo com um hiperenunciador soberano que é a própria Literatura.

Esse mesmo processo abastado de escrita em que um domínio largo de textos é invocado há no texto *A leitora*, do escritor montes-clarense Márcio Adriano Moraes:

A leitora

Márcio Adriano Moraes

Acordo nesta manhã com um sol de púrpura cor. Olho pela janela distante o vermelho sangue que minha história lembra. De quando fui casada com aquele austero senhor. De quando vi Sofia apanhar por ser negra. O tempo porém minha vida mudou. E hoje percebo que meu enredo não está sozinho. Em páginas brancas dores negras de muitos tenho lido. Vidas que se encontram em diversos sentidos. Pessoas deste mundo que se conectam em tramas. A história ficcional de reais vidas humanas.

Olho para mim sentada nesta cama. De imediato me lembro do menino listrado com seu pijama. Do outro lado das grades seu amigo alemão. Uma amizade que só começa depois que uma mancha borrão nos olhos de Bruno Shmuel fez. Distantes em sonhos e religião. Tão diferentes em berço e anseios. Mas um dom que desconhece tudo os uniu afinal. A vida torna-se doce mesmo com sal. E para a morte caminham de mãos dadas. E mesmo sem saber o que lhes reserva. No fim de todas humanas jornadas. O mesmo fim para todos se preserva.

Mas a hora é de levantar e seguir pelas páginas um traçado destino. Então desperto os olhos e pela casa caminho. Primeira parada óbvia será na cozinha. Olho o todo em volta e miro um canto escuro. Lá encolhida vejo a menina de minha cor Negrinha. Pobre criança que já levara do dia o primeiro cascudo. Mesmo depois de brincar com a boneca não se encontrou no mundo. E em breve definhará quietinha.

Eis que me chega aos olhos outra menininha. Agora branca e distante de sua mãe sofrida. Logo cedo inicia o seu dia em sua lida. E em seu labor diário a pequena Cosette na lenha do fogão. Até quando estes miseráveis com ela estarão? Aguente firme garota! Seu destino está traçado. Assim como o pequeno Gavroche que se tornará um revolucionário.

No quintal próximo a uma laranjeira o pequeno Zezé. Está criando seu mundinho com o amigo Xururuca. Mas já ouço o grito de Jandira "vem já aqui!" "nada de pé ante pé!". E já imagino nas suas costas mais uma surra. Onde estaria perdido nos trilhos o Portuga? Mais adiante ali próximo das roseiras um par de muletas. É a Pollyanna menina que logo será moça. Está se preparando para contar suas historietas. Vai em breve brincar seu jogo contente com alguém que a ouça. Que jeito alegre de superar suas perdas. Está aí um exemplo que ser seguido mereça. E olha só. De repente me sinto engraçada. Estou como aquela menina Raquel com suas vontades. Só me faltou a tiracolo a bolsa amarela. É. Seria bom ser homem grande e escritora renomada. Mas a vida não me deu este luxo de vaidades. Sou apenas uma mulher que enxerga este mundo de humanidades.

Humanos que nem sempre se humanizam. Como aquele senhor que me recorda agora. Distante num sertão de sabor acre. Que recebeu de um amarelo soldado uma forra. Pai de um menino mais velho que a Sinhá bate. Bate por não saber dizer o inferno em que vivem. Pai de um menino mais novo predestinado a sofrer. Pessoas que à seca vida sobrevivem. Uma família subjugada pelo poder. Ó Fabiano não está sozinho nesta labuta. Ao seu lado também está o conterrâneo Chico. Ele e sua família também padeceram uma viagem de muda. Foi no ano de mil novecentos e quinze a seca braba. Triste mesmo foi aquele Severino que quase na vida se esbarra. Fazendo uma retirada só de ida. Que só viu morte pelo caminho e por pouco não suicida.

Deixa-me ver se encontro diferenças humanas na rua. E veja quem vem lá correndo dando pinote. Seria tão bom se fosse um desvairado de lua. Um triste cavaleiro Quixote talvez. Mas não. A figura também é triste. É o menino Pixote. Vem correndo fugido explorando a sua nudez. Trazendo em sua pele a marca da prisão e seus abusos. Ó criança que sofre neste mundo que lhe impõe vícios e drogas. Ao seu lado aqueles que da areia se sentem capitães. Aqueles que vivem na cidade baixa escondidos nas docas. Aqueles que perderam ou desconhecem suas mães. Como aquele Pedro Bala cujo tiro certeiro flechou o coração de Dora. E no amor que se amaram é o triste fim de mais uma órfã. Diferente de Oliver que mesmo depois de padecimentos encontra um benfeitor. Mas volto ao menino que foi Pixote nas esteiras da vida real longe das telas. Aquele jovem Fernando ator. Garoto que imitou seu personagem na real vida miséria. E com tiros no peito estrelou na TV sua matéria. A lei sempre é do mais forte. Saibam todos. Para o mais fraco resta a morte.

Essas andanças na rua não me trouxeram bem. O melhor é voltar por um caminho diferente. Mas logo ali na esquina no chão um corpo tem. Reconheço aquele parco ser existente. Uma moça nordestina que queria estrela se tornar. É mais uma vítima desta vida que se atropela. Um capim ralo e datilógrafa singela. Sua morte foi para os palcos sua estreia. O tempo de morangos já cessou menina Macabéa.

São tantas cenas que se encenam neste meu dia. Até pareço que estou dentro dalgum sono. Páginas de um livro de livros que eu lia. Que me conectam a este mundo que desencontro. Através de personagens como eu da vida saída. Mas ainda há passos que me direcionam. E penso. A melhor força que encontrarei será na Igreja. Então para a catedral me sigo. Onde as divinas forças com as humanas se encontram. Ao meu lado estando eu de joelhos um vulto me passa rápido para que não se veja. Mas logo percebo sua deformidade. Uma corcunda notável que mereceu o brilho de uma Esmeralda. E daquele templo santo já vislumbro a fatalidade. O fim do pobre Quasímodo não é um conto de fadas. Sua história é como a de muitos de vidas mal amadas.

Já me desgastei de tantas imagens. Traçarei em um papel um pouco desta minha excursão. Afinal não deixam de ser humanas viagens. Quem sabe essas histórias sirvam de lição. E súbito me lembro da pequena judia cuja vida um diário se formou. Como pode uma Guerra daquelas? Que só tristeza nos legou. Que deixou tantas sequelas. E que tirou a menina Anne de seu anexo secreto. E mais repentino ainda me vem agora outra guerra. E me assombro imaginando a destruição da casa e caindo o teto. O Talibã e seu regime no Paquistão. A menina Parvana e sua outra face. Agora é um menino que para sobreviver é seu disfarce. Que suas histórias e de tantos outros sirvam de exemplo. Assim espero.

Rápido está passando este dia. Tão entretida fiquei que nem me lembrei de comer. Comida. Uma palavra que flutuava na cabeça daquela minha irmã de cor Carolina. Que como Anne um diário também traçou para nos mostrar sua vida. Uma negra favelada mulher. Do seu quarto o despejo de força e fé.

Hora de voltar para a casa e ver minhas roseiras ao vento. Cantar com minha irmã o som da Makidada. Será possível que depois de um dia de lembranças doridas encontro um alento? Olha quem me vem trazendo uma caixinha. Quer que eu mire e veja seu carneirinho. Há muitas horas estava à espera minha. Que criança que cativa com tanto carinho. Um menino que me ensinou o segredo. E agora posso ver este mundo que tanto temo. Deixar adormecido o meu medo. Já que a leitura que faço está na vida enfrentar. E como tantos que saltam das páginas lidas lutar. Ver com o coração o invisível. E logo ele vai partindo deixando-me apenas comigo. Ó menino incrível! Desta vida sou apenas uma partícipe. Mas espero um dia chegar a seu asteroide. Meu Pequeno Príncipe.

Disponível em: <https://marcioadrianomoraes.com/visualizar.php?idt=6772196>.
Acesso: 02 de abril de 2020.

Para além da rica intertextualidade emanada por esse texto, confirma-se que a Literatura é fundamental para nos instigar a criatividade e a reflexão sobre nossas especificidades mais íntimas mas também universais, sobre a própria condição humana, e nos possibilita ampliar o repertório argumentativo por sua capacidade de nos transportar a outras vidas além da nossa.

7. INTERGENERICIDADE:

Os gêneros textuais se relacionam intimamente às situações sociocomunicativas específicas e infinitas em nossas sociedades ao longo dos tempos. Incontáveis eventos sociais são mediados por textos em composição bastante estereotipada e adequados às necessidades daquela circunstância de interação: certidão de nascimento, certificado, declaração, ata, memorando, diploma, fábula, apólogo, crônica, romance. O professor Marcuschi diz que a intergenericidade ocorre quando os gêneros se misturam formando novos gêneros. Muitas propagandas se valem da intergenericidade para captar a atenção do interlocutor, mesclando gêneros. O texto seguinte, em estrutura de poema, mantém uma relação muito próxima ao gênero conto de fadas por meio da estrutura cristalizada "era uma vez":

Não era uma vez

Olden Hugo

Era uma vez uma mãe que alimentou os filhos
sem a ajuda do pai.
Era uma vez uma mulher que teve os cabelos puxados ao chão
pelo marido bêbado.
Era uma vez uma menina que foi beijada à força na balada.
Era uma vez uma garota que foi pensada menos capaz.
Era uma vez uma mulher que teve medo porque era mulher.
Era uma vez uma jovem que fez, a contragosto,
no outro, o orgasmo.
Uma (não) sabia dirigir.
Outra foi oprimida por uma voz grave.
Era uma vez uma mulher que queria um beijo no rosto
e ganhou um soco no nariz.
Ela queria o divórcio e levou um tiro.
Foram muitas vezes.

8. DILEMA:

Em Reboul, encontra-se comentário sobre o Dilema: "Tem-se um raciocínio em que os dois termos de uma alternativa, levam à mesma consequência, que é a tese". A seguir, o texto exemplo:

O contrato de casamento

Stephen Kanitz

Na semana passada, comemorei trinta anos de casamento. Recebemos dezenas de congratulações de nossos amigos, algumas com o seguinte adendo assustador: "Coisa rara hoje em dia". De fato, 40% de meus amigos de infância já se separaram, e o filme ainda nem terminou. Pelo jeito, estamos nos esquecendo da essência do contrato de casamento, que é a promessa de amar o outro para sempre.

Muitos casais no altar acreditam que estão prometendo amar um ao outro enquanto o casamento durar. Mas isso não é um contrato. Recentemente, vi um filme em que o mocinho terminava o namoro dizendo "vou sempre amar você", como se fosse um prêmio de consolação. Banalizamos a frase mais importante do casamento. Hoje, promete-se amar o cônjuge até o dia em que alguém mais interessante apareça. "Eu amarei você para sempre" deixou de ser uma promessa social e passou a ser simplesmente uma frase dita para enganar o outro. Contratos, inclusive os de casamento, são realizados justamente porque o futuro é incerto e imprevisível.

Antigamente, os casamentos eram feitos aos 20 anos de idade, depois de uns três anos de namoro. A chance de você encontrar sua alma gêmea nesse curto período de pesquisa era de somente 10%, enquanto 90% das mulheres e homens de sua vida você iria conhecer provavelmente já depois de casado. Estatisticamente, o homem ou a mulher "ideal" para você aparecerá somente, de fato, depois do casamento, não antes. Isso significa que provavelmente seu "verdadeiro amor" estará no grupo que você ainda não conhece, e não no grupinho de cerca de noventa amigos da adolescência, do qual saiu seu par. E aí, o que fazer? Pedir divórcio, separar-se também dos filhos, só porque deu azar? O contrato de casamento foi feito para resolver justamente esse problema.

Nunca temos na vida todas as informações necessárias para tomar as decisões corretas. As promessas e os contratos preenchem essa lacuna, preenchem essa incerteza, sem a qual ficaríamos todos paralisados à espera de mais informação. Quando você promete amar alguém para sempre, está prometendo o seguinte: "Eu sei que nós dois somos jovens e que vamos viver até os 80 anos de idade. Sei que inexoravelmente encontrarei centenas de mulheres mais bonitas e mais inteligentes que você ao longo de minha vida e que você encontrará dezenas de homens mais bonitos e mais inteligentes que eu. É justamente por isso que prometo amar você para sempre e abrir mão desde já

> dessas dezenas de oportunidades conjugais que surgirão em meu futuro. Não quero ficar morrendo de ciúme cada vez que você conversar com um homem sensual nem ficar preocupado com o futuro de nosso relacionamento. Nem você vai querer ficar preocupada cada vez que eu conversar com uma mulher provocante. Prometo amar você para sempre, para que possamos nos casar e viver em harmonia".
>
> Homens e mulheres que conheceram alguém "melhor" e acham agora que cometeram enorme erro quando se casaram com o atual cônjuge esqueceram a premissa básica e o espírito do contrato de casamento. O objetivo do casamento não é escolher o melhor par possível mundo afora, mas construir o melhor relacionamento possível com quem você prometeu amar para sempre. Um dia, vocês terão filhos e, ao colocá-los na cama, dirão a mesma frase: que irão amá-los para sempre. Não conheço pais que pensam em trocar os filhos pelos filhos mais comportados do vizinho. Não conheço filho que aceite, de início, a separação dos pais e, quando estes se separam, não sonhe com a reconciliação da família. Nem conheço filho que queira trocar os pais por outros "melhores". Eles aprendem a conviver com os pais que têm. Casamento é o compromisso de aprender a resolver as brigas e as rusgas do dia a dia de forma construtiva, o que muitos casais não aprendem, e alguns nem tentam aprender.
>
> Obviamente, se sua esposa se transformou numa megera ou seu marido num monstro, ou se fizeram propaganda enganosa, a situação muda. Para aqueles que querem ter vantagem em tudo na vida, talvez a saída seja postergar o casamento até os 80 anos. Aí, você terá certeza de tudo.
>
> Ponto de Vista. *VEJA*, Rio de Janeiro, 29 set. 2004, p.22. (Texto adaptado)

Nesse excelente texto de Stephen Kanitz, inicialmente, no trecho posto, se figura o casamento como um prejuízo, já que se teriam ainda mais e melhores opções de parceiros e que, portanto, se fez uma escolha precoce. Ao fim está a aparente solução: casar-se com 80 anos de idade, o que quer dizer que se aproveitou a oportunidade de escolhas. Está configurado um dilema: definir-se casado ainda muito cedo e abrir mão de muitas opções ou se casar tarde e não ter condições sustentáveis de um verdadeiro casamento? Como em todo recurso argumentativo de Dilema, ambos os termos da alternativa levam à mesma conclusão, que, neste caso, é firmar o contrato de casamento para tentar dirimir as inconstâncias ou incertezas do futuro.

9. TRANSITIVIDADE:

Nesse expediente argumentativo, temos uma equação ideal que determina: Se A = B e B = C, então A = C. O texto "A canibalização do professor, de Luiz Paulo Conde, foi publicado pelo jornal Folha de São Paulo, em 2001, no caderno Opinião. Esse texto, muito bem escrito por ser lógico e bem estruturado, exemplifica bem as estratégias argumentativas da Transitividade e da Divisão, esta analisada mais adiante. Segue o texto:

A canibalização do professor

Luiz Paulo Conde

Triste a nação que reúne, em trincheiras opostas, governantes e mestres. Pobre este nosso país, que em 2001 comemorou o Dia do Professor entre vaias e impropérios. Que assistiu a um quebra-quebra durante as provas de vestibular e ainda se viu obrigado a anular o concurso. Que tem seus profissionais de ensino em greve por melhores salários há mais de três meses. Fatos e circunstâncias, sem dúvida, jamais vistos. Nem nos sombrios tempos de decreto 477, tempos de ditadura, quando ser estudante era atividade de alto risco.

A séria crise que o país enfrenta no sistema federal de ensino é ruim para todo mundo. De imediato, perdem alunos e professores; mas, no longo curso, perde o Brasil, porque se afasta mais e mais de um futuro aceitável. Afinal, país sem educação é país sem projeto, nação sem futuro. Há pencas de artigos, análises, estudos das mais variadas procedências e das mais diferentes correntes políticas e acadêmicas a sustentar esta afirmação, de modo que se trata de incontestável obviedade.

Como explicar, então, que um governo formado, em essência, por professores, gente educada com dinheiro público, egressa de nossas melhores universidades, tenha deixado a situação chegar ao ponto que chegou? Como explicar que o governo que aí está não tenha apresentado à sociedade, em oito anos no poder, um projeto capaz de corrigir rotas, resolver mazelas e sinalizar um futuro para as universidades públicas? Nada, à exceção do provão; o que realmente é pouco, muito pouco.

E qual é a situação a que chegamos?

Sou professor da UFRJ há 30 anos. Professor concursado, primeiro assistente, depois titular. Fui também chefe de departamento e diretor por eleição. Com contrato de 40 horas, meu salário é de R$ 1.786,72. Na minha época não havia curso de doutorado. Mas mesmo não sendo doutor, no topo da carreira o professor adjunto 4, em regime de dedicação exclusiva, recebe R$ 3.085,68. Este é o ponto a que chegamos.

O que impressiona a todos nós, para dizer o mínimo, é como um ministro da Educação que já foi estudante, professor e reitor de universidade não consegue enfrentar a adversidade e fazer prevalecer o diálogo. O ministro, mesmo diante da situação de greve, instrumento que faz parte do jogo democrático, tem que conversar com os professores. E ainda que tenha razão, não pode chamar colegas de fascistas. Este mesmo ministro, quando argumenta que as universidades federais não podem suspender atividades porque há dinheiro público em jogo, parece esquecer que a educação básica, média e superior é uma dívida pública do governo com a nação. Colocar-se na trincheira oposta à da comunidade acadêmica, em definitivo, não resolve. Ao contrário, nega que o rei está nu e atrasa o entendimento.

Ora, que país é este que não consegue fixar um salário mínimo digno para a população, nem tampouco definir um teto salarial para o serviço público, obrigando o Judiciário a seguir uma letra de lei inaceitável? Por isso estamos assistindo à luta do governador Anthony Garotinho contra os supersalários e as superaposentadorias de mais de 5.000 servidores estaduais, alguns com "direito" a receber até R$ 29 mil mensais. Trata-se de uma discrepância.

O que está em jogo na mesa de negociação com os professores federais é o projeto do país Brasil, que só tem a educação como arma contra a desigualdade. Porque também através dos salários um país faz suas escolhas. E o país que sustenta um mercado capaz de oferecer salários de R$ 60 mil, R$ 80 mil para um jovem executivo de banco de investimentos não pode em nenhuma hipótese, sob qualquer argumento, tolerar que um professor, que além de ensinar em sala de aula, estuda, planeja, prepara e corrige provas, ganhe salário tão baixo.

A seguirmos este caminho, não teremos mais quem ensine geografia, matemática, português e física em nossas escolas, porque os professores, sem planos sérios de carreira, serão aproveitados em postos de trabalho que oferecem melhor remuneração. A seguirmos este caminho, de canibalização não só dos recursos físicos, mas da inteligência do sistema de ensino público, ampliaremos o fosso da desigualdade, insuflando uma diáspora de cérebros brasileiros que buscam no exterior as condições de trabalho inexistentes em seu próprio país.

Ao professor o governo deve um plano de carreira, assim como o têm militares, diplomatas, fiscais de renda. Ao país o governo deve, por responsabilidade de Estado, a manutenção do ensino público, sob pena de sucatear também o sistema privado – o que já vem ocorrendo, – nivelando tudo pelo abaixo da crítica.

Se crise há é porque a importância da educação foi reduzida no Brasil, apequenada por governantes que no passado foram professores. O que está em jogo não é a matemática financeira de reajustes acumulados ao longo do tempo, mas a construção da matriz de valores da nossa sociedade e a expectativa de futuro da nossa população. E neste campeonato perverso, por enquanto, não há inocentes nem vitoriosos.

(Folha de São Paulo, Opinião, 14 de novembro de 2001)

A equação que explicita a relação de ideias que compõem a estrutura do argumento pode ser descrita da forma seguinte:

**{(A) MINISTRO DA EDUCAÇÃO =
(B) PROFESSOR UNIVERSITÁRIO /
(B) PROFESSORES UNIVERSITÁRIOS =
(C) FAVORÁVEL À EDUCAÇÃO,
ENTÃO (A) MINISTRO DA EDUCAÇÃO =
(C) FAVORÁVEL À EDUCAÇÃO}**

O contundente e poderoso argumento utilizado por Luiz Paulo Conde é, então, que o Ministro da Educação, que já teve o estatuto de aluno, professor e reitor, deveria ser favorável à educação, ao contrário de "colocar-se em uma trincheira oposta à comunidade acadêmica". A alusão ao conto *A roupa nova do rei*, de Hans Christian Andersen, reforça a argumentação, sugerindo falta de lucidez e atitudes de retardo.

10. DIVISÃO:

De acordo com Reboul, "divide-se a tese por provar em partes e depois de demonstrar que cada parte tem dada propriedade em questão, conclui-se que o todo tem essa mesma propriedade":

> Triste a nação que reúne, em trincheiras opostas, governantes e mestres. (...) A séria crise que o país enfrenta no sistema federal de ensino é ruim para todo mundo. De imediato, perdem alunos e professores, mas, no longo curso, perde o Brasil porque se afasta mais e mais de um futuro aceitável. Afinal, país sem educação é país sem projeto, nação sem futuro. Há pencas de artigos, análises, estudos das mais variadas procedências e das mais diferentes correntes políticas e acadêmicas a sustentar esta afirmação, de modo que se trata de incontestável obviedade.
>
> *A canibalização do professor*, Luiz Paulo Conde, Folha de São Paulo, Opinião, 14 de novembro de 2001

Ainda no texto de Luiz Paulo Conde, o potencial argumentativo se revela agora na divisão, entre mestres, alunos, sistema de ensino, da propriedade da boa (ou má) educação, divisão que repercutirá no todo, que é a nação, pois "país sem educação é país sem projeto, nação sem futuro.". Na divisão, para que o argumento seja consistente e tenda para o irrefutável, é bom que os elementos da parte e do todo tenham qualidades do mesmo gênero. Referente à argumentação do trecho que acabamos de ler, poderia ser usado o contra-argumento de que alunos e mestres têm sim qualidades do mesmo gênero, mas não compõem homogeneamente uma nação, pois esta possui elementos de outros gêneros muito diversos como comerciantes, industriadores, políticos, médicos etc. Talvez prevendo esse contra-argumento, o autor tratou de igualar, empregando a estratégia da *Antecipação*, sistema de ensino a nação, estabelecendo uma relação causal ou, mais que isso, uma relação de qualidade constitutiva.

COMO SE DEFENDER

Admir Ramos evoca um pensamento poderoso de Aristóteles: "É mais grave não saber se defender pela palavra que pelas próprias mãos". Há um sem-número de debatedores que se valem de falsos argumentos quando mais honesto seria admitirem que não estão com a razão. Há argumentações falaciosas, enganadoras e também estratégias argumentativas empregadas de modo desvirtuado com o fim exclusivo de "vencer" a todo custo um debate. O Argumento pelo Testemunho ou as Definições etimológicas, por exemplo, são excelentes estratégias argumentativas, mas podem mentir. A Retorsão, como nos lembra Wander Emediato, é um procedimento que consiste em verificar inconsistências no discurso do outro e evidenciar esses raciocínios malformados.

Adiante são discutidas algumas formas de argumentar que, na verdade, precisam ser descobertas e desmanteladas, visto que não contribuem para a evolução das ideias da maneira como são empregadas.

1. *AD CONSEQUENTIAM (APELO ÀS CONSEQUÊNCIAS):*

A consequência é mais importante que os meios empregados para alcançá-la.

A falácia na estratégia *Ad consequentiam* pode ocorrer quando o raciocínio exagera nos meios que sacrificam a ética ou outros valores:

Exemplos:

"Esse político rouba, mas faz."

"Na ditadura militar, tínhamos disciplina e paz."

Pensamentos como "Sacrificar noites de sono para alcançar o diploma nos faz valorizar mais a profissão." representam exemplos populares dessa estratégia. O filme "A vida de David Gale", direção de Alan Parker, com Kevin Spacey e Kate Winslet no elenco, é um exemplo de destaque para o emprego eficaz da estratégia *Ad consequentiam*.

2. ARGUMENTO DE AUTORIDADE:

Esse argumento tem dois aspectos fundamentais:
- **a.** embasamento em autores referenciados no assunto;
- **b.** responsabilização do autor pelo que é dito e não de quem cita.

O Argumento de autoridade é eficiente para provar que o orador conhece a teoria do que discute, no entanto é possível que ele atribua toda a responsabilidade pelo dito ao autor como quem diz "É ele que está dizendo, e não eu". Ainda pior é atribuir autoridade a alguém que é autoridade em outra área. Comentou-se bastante uma edição do programa de Jô Soares em que ele leu uma carta que condenava o uso da palavra "presidenta" e que destacava que autora do texto era professora da Universidade Federal do Paraná. Como sabemos é um equívoco crasso dizer que aquela palavra não existe, pois as regras sociais, morfológicas e linguísticas favorecem seu uso. Além disso, ela está dicionarizada há anos. Em uma rápida pesquisa, verifica-se que a professora citada é da área da Engenharia Civil e não da Linguística, portanto uma autoridade, mas não naquele tema. Mais tarde, a professora escreveu uma carta aberta em que esclareceu que seu nome havia sido atribuído a um texto que ela não escreveu. A falsa autoria teve o fim de conferir ao texto uma validade e um prestígio social. Por isso é importante verificar se o Argumento de autoridade foi empregado, de fato, com uma autoridade no assunto.

3. AD POPULUM (APELO AO POVO):

Supõe-se que um raciocínio seja verdadeiro e válido porque a maioria dos indivíduos o veem assim.

Exemplo:

"Se a maioria dos alunos não entendeu a matéria, o professor é que é incompetente."

Diversas vezes, o fato de a maioria aprovar uma ideia não exerce nenhuma relação causal ou de validade. Um exemplo seria atribuir a motivação do crime às mulheres no raciocínio: "A maioria das mulheres estupradas usavam decotes."

4. ARGUMENTO PELA COMPETÊNCIA LINGUÍSTICA:

Legitimação de ideias pela forma erudita como a língua é usada.

Alguns oradores se concentram em estruturar as frases em acordo com a Norma Padrão mais rígida e conservadora além de empregarem um vocabulário rebuscado, requintado e hermético. A sensação de muitos espectadores é a de que o orador "falou bonito", embora não tenham entendido bem as ideias fundamentais.

5. FALSO DILEMA:

Um dilema requer duas opções que se excluem. No Falso Dilema, a questão é tratada de modo dicotômico quando, com efeito, há outras escolhas a serem consideradas:

"Ou o país investe em Educação ou não haverá razão para existirem escolas."

6. TEORIA IRREFUTÁVEL:

Consiste em um argumento cuja comprovação não pode passar por verificações mais rigorosas.

Exemplo:

"Os espíritos que vagam sobre a terra são aqueles que têm causas inacabadas em meio a nós."

7. *AD PERSONAM* E *AD HOMINEM*:

Essas argumentações costumam ser tratadas como equivalentes, mas há a opção teórica de considerar uma distinção entre elas. Admir Ramos pensa que "Na refutação, o orador procurará explorar alguma expressão contraditória, alheia à matéria em debate, incrível ou absurda de seu adversário; repetindo essas palavras contraditórias de seu adversário, conseguirá um dos melhores modos de refutar e destruir o seu oponente". *Ad personam* e *Ad hominem* são, portanto, modos de tanger o oponente e não a polêmica.

A Argumentação *Ad personam* desvia o foco da discussão para a pessoa em vez de se ater ao tema da controvérsia. Em tantos casos, essa argumentação desvirtuada pode ser sinal de perda da estabilidade emocional e da falta de argumentos. No campo da política, é habitual servir-se do *Ad personam* para evidenciar aos eleitores a vida pregressa do adversário político, desvelando a sua conduta falsa diante da sociedade.

A seguir, está um exemplo colhido dos debates políticos entre os candidatos à presidência da república em 2014, em que Luciana Genro se refere a Aécio Neves:

> Então o senhor, candidato Aécio, falando do PT é como o sujo falando do mal lavado, porque o senhor é de um partido que tem promovido a corrupção, que tem inclusive se beneficiado dos financiamentos de campanha da mesma forma como o PT da candidata Dilma e o PSB da candidata Marina. As empreiteiras que fizeram o escândalo de corrupção da Petrobrás são

as mesmas empreiteiras que financiam a sua campanha, financiam a campanha da Dilma, financiam a campanha da Marina, as mesmas também que realizaram as obras superfaturadas da copa, inclusive aquela que desabou lá em Belo Horizonte e que, com certeza, estão lá naquelas empreiteiras os seus amigos, porque o senhor é um dos políticos que tem vinculação com esses seguimentos mais parasitários da política nacional. Então fale do PT, mas fale do seu partido também, porque o PT lamentavelmente cedeu ao mesmo modo de fazer política que o Fernando Henrique desenvolveu no seu governo.

A Argumentação *Ad hominem* é aquela que desvela um tipo de autofagia (ou argumento autofágico, como traz Wander Emediato). Trata-se de expor uma contradição no discurso do debatedor oposto:

"Você disse há quinze minutos que é inaceitável que os pais se mostrem superiores aos filhos, mas agora diz que é preciso que demarquem a hierarquia no lar."

8. CAUSA DIMINUTA:

Desprezar uma argumentação por haver discussões supostamente mais urgentes.

Exemplo:

> Enquanto o companheiro linguista estuda o que fazer com verbos e plurais, tratemos do que interessa. Como todo brasileiro alfabetizado, sei desde sempre que não é errado dizer ou escrever "presidenta": a palavra existe. Como todo brasileiro sensato, sei desde os tempos de colegial que o status de verbete de dicionário não torna certos termos menos ridículos. Ninguém chama o marido ou a mulher de "consorte". Noiva nenhuma admite ser qualificada de "nubente".
>
> "'Presidenta' é palavra só usada por gente que flexiona a espinha com mais destreza que ginasta olímpico", Augusto Nunes. Disponível em: <http://veja.abril.com.br/blog/augusto-nunes>. Acesso: 20/03/2017.

NETIQUETA: CORTESIA NO AMBIENTE VIRTUAL

A gentileza, a cortesia no trato social demonstra que a condição humana deve ser concebida com igualdade entre todos. Hierarquias de funções no trabalho não significam que algumas pessoas são mais valiosas que outras. No ambiente virtual, mais necessário que antes da pandemia da Covid-19 em 2020, o tratamento gentil é uma implicação das nossas relações sociais. A seguir, algumas recomendações de etiqueta na internet:

1. Busque um ambiente silencioso e entre em acordo com todas as pessoas que dividem a casa quanto a horários de silêncio.
2. Verifique a carga da bateria do celular ou do computador antes de iniciar uma chamada de vídeo.
3. Teste os equipamentos com antecedência, bem como a conexão com a internet e os links disponíveis para reuniões on-line.
4. Tenha por perto uma garrafa com água e algo leve para comer caso a reunião possa se alongar.
5. Vista-se adequadamente e esteja com aparência apresentável para o caso de a câmera precisar ser acionada.
6. Não é necessário mostrar a intimidade da sua casa, portanto o pano de fundo deve ser neutro. Evite mostrar fotos muito pessoais, roupas íntimas, objetos de grande valor financeiro.

7. Pode-se recorrer ao recurso de uma fita adesiva colorida para cobrir a câmera a fim de evitar constrangimentos se ela se abrir acidentalmente.
8. Mantenha o microfone desligado caso não esteja falando e verifique sempre se o desligou após a fala.
9. Escrever em letras maiúsculas em um fórum de discussão ou salas de bate-papo pode significar que queira sobrepor a sua opinião à opinião dos interlocutores. Empregue maiúsculas nos casos necessários como nomes próprios, títulos, início de frases e citações, por exemplo.
10. Utilize comentários escritos simultâneos a reuniões em vídeos apenas para contribuir e nunca para levantar debates paralelos ao tema que possam desviar o foco da discussão. Procure formular comentários breves e úteis.
11. Se for preciso fazer apresentações da sua tela para todos os participantes da reunião virtual, verifique se não há documentos pessoais abertos em outras janelas que possam ser acessadas por engano como fotos íntimas ou dados sigilosos.
12. Cumprimentar a todos os participantes e agradecer pela oportunidade de fala é uma cortesia indispensável em falas virtuais ou presenciais.
13. Se você estiver na condição de moderador de uma reunião, é apropriado pedir que todos mantenham os microfones desligados. O moderador pode usar as ferramentas habilitadas a essa função para fechar microfones que, por exemplo, ficaram abertos por distração de um participante.
14. Opte pelo uso de fones de ouvido sempre que possível. Isso garantirá a confidencialidade da conversa, evitará que a reunião ecoe pela casa e diminuiu as possibilidades de eco nos áudios dos demais participantes.
15. Para envio de emeios e afins, tenha a atenção de saudar o interlocutor, preencher campos como "Assunto" ou "Título", ter objetividade na apresentação do problema ou solicitação, despedir-se adequadamente e assinar ao fim.

16. Tenha atenção ao escrever o texto do emeio no campo próprio para a mensagem. Muitas pessoas cometem o equívoco de escrever a mensagem no campo destinado ao assunto. Registrar o tema ou assunto é importante para localizar o emeio em buscas futuras.
17. Não envie mensagens fora do horário de expediente ou em fins de semana em aplicativos de mensagens instantâneas como WhatsApp ou Telegram. Muitas pessoas usam números pessoais para trabalho o que não quer dizer que estejam disponíveis o tempo todo.
18. Utilize um nome claro para o endereço de seu emeio para que o destinatário saiba exatamente qual empresa, instituição ou pessoa está enviando o texto. Nomes enigmáticos, codificados ou apelidos prejudicam a comunicação.
19. Revise atentamente o texto do emeio ou da mensagem antes de enviá-lo. "Bom dia" ou "Boa tarde" podem não ser efetivos, pois não sabemos precisamente quando a mensagem será visualizada. A propósito, a palavra "anexo" concorda com o nome que acompanha: documento anexo, planilha anexa.
20. Caso use fotos em perfis profissionais, opte por fotos que evidenciam o rosto e não use figurinhas, caricaturas ou similares.
21. Tenha a delicadeza de buscar responder a todas as mensagens encaminhadas a você.

Trabalhar (s)em casa

Olden Hugo

As tecnologias da informática (inclusa aí a Internet) trouxeram desde o século 20, a novidade de se trabalhar sem que seja necessário sair de casa. Com efeito, não é fato novo que tantas profissões se realizem dentro dos ambientes domésticos, como exemplo, comum em cidades provincianas, os cabeleireiros, comerciantes, costureiras, médicos (etc.) que demarcam em casa um ambiente para o trabalho. A novidade, todavia, é o diferenciado trato social, implicado pela informática, que relega o caráter presencial das pessoas que se relacionam. Não obstante a "ausência" do cliente ou do colega de trabalho, não se pode dizer que se torna impessoal o modo de lidar, pois a emoção (boa ou ruim) se imprime nas palavras na tela do computador (além de o profissional "receber em casa" seus interlocutores!). Também não é novo pensar, quando se trata da informática como um expediente no trabalho, que trabalhar em casa pode oferecer proveitos como horários flexíveis, economia de meios de transporte, proximidade da família, menos gastos em infraestrutura na empresa, liberdade na execução dos serviços. No entanto, há grandes perigos em se mesclar o ambiente doméstico com o ambiente de trabalho. Os efeitos podem ser contrários aos intencionados se não se programarem bem os horários, que, por serem móveis, podem adentrar os fins de semana (geralmente resguardados ao descanso e lazer) para se compensar um tempo não utilizado nos dias convencionalmente úteis. Confundirem-se os ambientes doméstico e de trabalho potencialmente gerará sensações de pré-ocupação mesmo nas horas livres se se deparar com instrumentos do emprego dentro do seu próprio quarto ou no seu escritório doméstico, trazendo aos pensamentos pendências do trabalho. Lidar com a família e os serviços concomitantemente dentro de casa é expor-se ao risco de se isolar dos familiares numa prática que visa ao aumento de produtividade no emprego. O ambiente doméstico se transforma puramente em ambiente de trabalho, e o tempo se torna, em sua totalidade, uma carga horária do expediente.

É uma tendência inevitável, entretanto, o teletrabalho (ou *home office*), pois nas cidades grandes o deslocamento por um trânsito carregado representa perda de tempo, e a oportunidade de se permanecer em casa traz algumas comodidades que, se satisfizerem o empregado, geram uma boa produtividade. Apesar disso, esse formato de emprego não é para todos: aqueles que forem muito bem organizados para seguirem as exigências do emprego sem negligenciarem o sono e a alimentação, e os disciplinados que podem trabalhar sem perder a concentração por pessoas ou componentes do ambiente doméstico, estes, sim, enquadram-se bem no teletrabalho. A família e os amigos devem compreender que trabalhar em casa não é ser folgado, e o teletrabalhador precisa manter as relações presenciais com colegas de serviço e atualizar-se quanto aos fatos e projetos da empresa, bem como esforçar-se para conservar em sua casa o clima familiar, de privacidade e de abrigo.

Jornal Net On Line, Montes Claros, 27 de março de 2008.

A MELHOR MANEIRA DE ESTUDAR

Estudar exige técnica, dedicação e, sobretudo, boa vontade. Saber estudar e não ter disposição para fazê-lo não traz resultados proveitosos. Do mesmo modo, ter boa vontade, mas estudar de maneira errada não é profícuo. Ler vinte páginas de um modo adequado é melhor que devorar quarenta páginas. Estudar bem é produtivo e garante o aprendizado.

TÉCNICAS PARA ESTUDAR COM QUALIDADE

1. Estabeleça seu cronograma de estudos com uma cópia fixa em seu quarto e outra nos materiais de estudos. Reserve alguns horários para leituras não obrigatórias, de fruição, como livros ou revistas.
2. Estabeleça também, por escrito, uma lista de metas diárias e se motive a cada etapa cumprida, em acordo com a importância que você atribui a ela: um suco, uma fruta, alguns minutos na rede social, alguns minutos no sofá ou na cama, executando atividades variadas quando se começa a perder a produtividade.
3. Comece a estudar sem muito esforço, como em exercícios físicos, para, após, aumentar gradativamente o tempo e o nível de estudos.
4. Não estude com fome ou sonolento. Tenha uma alimentação leve antes de estudar e coma uma fruta, ou similar, durante os estudos se for estudar por horas seguidas. Esteja descansado para que a mente processe e guarde as informações. Isso requer dormir bem.

5. Não é recomendado estudar à noite ou em recintos escuros. A ausência de iluminação adequada pode forçar a visão durante a leitura. De igual modo, ler em automóveis em movimento pode danificar a visão.
6. Nunca tenha apenas uma só fonte de estudos. Utilize pelo menos duas fontes sobre o mesmo assunto.
7. O dicionário é bem-vindo até para estudar matemática. Dicionários de sinônimos e antônimos, dicionários etimológicos, dicionários de várias línguas, muitos deles disponíveis na internet, ajudam bastante.
8. Tenha um caderno de anotações pessoais em que você anote as informações essenciais de seus momentos de estudos e anote também todas as dúvidas que encontrar.
9. Mantenha limpo seu ambiente de estudos, para que seja agradável estudar ali, e em ordem, de maneira que se possam encontrar com facilidade suas anotações pessoais, seus livros de cada disciplina, seus materiais de estudo enfim. Seu caderno de anotações pessoais deve ser também organizado, com divisões claras de matéria, datas, títulos e **cores diversas** para fixar a compreensão.
10. Pratique a escrita, escrevendo com suas palavras a essência da matéria estudada.
11. Discuta com colegas e amigos seu posicionamento e suas dúvidas quanto ao conteúdo estudado. Leve sempre seus apontamentos e dificuldades ao conhecimento de seus professores.
12. Pratique o "esvaziamento do cérebro" em momentos oportunos e em constância. Reserve alguns minutos por semana para ficar em silêncio e ocupar o cérebro com a menor quantidade de pensamentos possível. Imagine uma paisagem agradável e se fixe nela sem criar personagens ou enredo. Isso treina seu poder de concentração, pressuposto imprescindível para o aprendizado.
13. Pratique exercícios físicos, aeróbicos principalmente (com orientação profissional). Se, mesmo dormindo bem à noite, você se sentir sonolento durante seus estudos em casa,

experimente fazer abdominais, flexões de braço ou subir lentamente numa cadeira apoiada na parede alternando as pernas na descida. Isso vai deixar seu corpo mais vivaz, em função de serem liberadas noradrenalina e outras "substâncias do prazer", como endorfina e serotonina.

14. Cultive conversas com a família e com bons amigos. Namore e/ou se divirta de outras maneiras, organizando sempre seu tempo.
15. Em função dos limites de cada um, estudar torna-se algo muito pessoal e não depende de outra pessoa senão só de você. Implante seu ritmo de estudos e lembre-se de que para alcançar bons resultados é necessário estudar cotidianamente.

O QUE DIZER DEPOIS DE DIZER TUDO

A fala não termina quando a palestra acaba. É adequado que o apresentador ofereça um contato profissional para possíveis dúvidas e contribuições. Sair rapidamente assim que a palestra termina pode ser deselegante para com o evento e para com os espectadores, o que pode fazer surgir a imagem de alguém intangível e exageradamente célebre. Um tempo a mais com os ouvintes deve ser previsto na agenda. Demonstrar humanidade nos corredores, atender a questões de ouvintes que não se dispuseram a falar em público, ouvir críticas e elogios após a palestra é parte integrante da fala. Os personagens que encenamos no palco podem ficar lá, mas a nossa gentileza genuína e sincera deve permanecer quando descemos do palco. Por isso devemos ser verdadeiros durante nossas apresentações, sendo quem realmente somos e empregando os personagens como auxílio no reforço de ideias.

Falar em público é um ato de humanidade porque todos devem admitir a igualdade de condições em que orador e auditório se encontram quanto ao respeito a valores e dignidades. As pessoas decidem se reunir para deliberar quando há algo comum a ser prosperado. Os conhecimentos são compartilhados, e as escolhas das palavras e ideias devem primar sempre pelo bem. A reunião pode ser entre líderes mundiais ou entre estudantes na biblioteca; pode ser entre componentes da junta médica internacional ou entre mãe e filha num quarto adolescente.

Falar em público é restituir à palavra falada sua valia que tem sido depauperada pela alta certificação da palavra escrita. Conforme se reflete em *"Diz-me o que lês, e te direi quem és"*, a palavra dita precisa ter também alteado valor:

Diz-me o que lês, e te direi quem és

Olden Hugo

O meritório conto *Cara no chão*, de Jack London, prova como a argúcia da palavra vence a força de um exército. Nessa narrativa curta, um só homem, que se vê em situação ruinosa e irreversível de captura e condenação, formula um meio de escape sem altear sequer uma arma, que não sejam suas palavras.

Também o distinto conto *A serpente com o diamante*, de L. de la Salle, rebrilha uma face da palavra cuja potência não pode ser negligenciada. No conto, o lenhador sem bens presenteia o rei com um diamante colossal apanhado da boca da serpente-rainha monstruosa. O rei, notando poderes extranaturais do diamante, ordena que o camponês devolva a preciosa à serpente, e assegura, por palavras eternas, que a fortuna do lenhador e de suas gerações está resguardada.

Os dois textos provam iconicamente que a palavra falada goza do *status* de um ato. O prisioneiro de Jack London teve sua evasão, o lenhador de La Salle fez sua fortuna. Mas nestes nossos outros tempos, a palavra escrita parece ser mais vigorosa. Nossos compromissos se firmam mediante assinaturas e inscrições digitais. A palavra dita é mutilada diariamente por indiferença do ouvinte.

Estamos mudando nossa relação com a palavra justamente quando vivemos um tempo de grande efervescência de palavras escritas e lidas nas telas hiperconectadas. As tecnologias que estão diminuindo nosso poder de concentração e nos apresentam a possibilidade de demência precoce trazem, pelo excesso de mensagens, uma dificuldade em identificar pistas emotivas na voz, corpo ou face do outro. As memórias humanas, que, diferentemente das memórias computacionais, associam fatos e pessoas a sentimentos, estão sendo debilitadas por massivas páginas fugidias nas telas dos celulares e computadores. A palavra, com toda a humanidade que a envolve, segue se artificializando rasteiramente.

Como lição das horas e horas que passamos diante das telas, nosso cérebro assimila que as leituras de *scanning* e *skimming*, estratégias genuínas para ler, são agora a leitura habitual. A leitura demorada e reflexiva, a contemplação detida nas páginas, a construção de saberes e memórias estão se deletando em lugar de notificações sonoras e mensagens que pulsam nas telas minorando nossa atenção e raciocínio.

A Literatura demanda vagar numa leitura tantas vezes solitária e exerce o grande feito de nos livrar de nosso egoísmo por nos mostrar infinitas formas de viver. Assim, somos resultado dos diálogos que estabelecemos. A leitura de ficção nos oferta um mundo de inverdades quando a realidade é chata demais ou nos exige capacidade de reação.

A palavra ganhou outros poderes com as redes sociais, e o mérito da Internet nesse fato é inquestionável. Mas, obviamente, carecemos também do valor do lento pensar, do valor de ficar mais que poucos minutos numa página, do apreço à palavra falada para que não seja preciso que, em um convite para o sorvete no fim de semana, peçamos: "Assine aqui, por gentileza".

Disponível em: <https://wordpress.com/post/cronistasdoifalmenara.wordpress.com/590>. Acesso: 13 de agosto de 2019.

Pela Literatura, o orador se tornará capaz de aprendizados atemporais acerca de fatos humanos. Então, as técnicas de oratória não serão mecanismos ardilosos na modificação das atitudes de quem ouve, mas formarão um conjunto de recursos à disposição das ideias e do bem. Afinal, a Literatura produz textos não utilitários, que não servem para nada, a não ser nos lembrar de que somos humanos. E isso é tudo.

A PRIMEIRA EDIÇÃO É A MAIS PASSÍVEL DE FALHAS, POR ISSO PEÇO QUE CRÍTICAS E SUGESTÕES SEJAM ENVIADAS A MEU EMEIO:

OLDEN.HUGO@GMAIL.COM

OBRIGADO POR CONTRIBUIR!

REFERÊNCIAS

ABREU, Antônio Suárez. Curso de redação. São Paulo: Ática, 2008.

ABREU, Antônio Suárez. A arte de argumentar. Gerenciando razão e emoção. 13. ed. Cotia: Ateliê Editorial, 2009.

ANTUNES, Irandé. Lutar com palavras – coesão e coerência. São Paulo: Parábola Editorial.

BARROS, Jayme. Encontros de redação. São Paulo: Moderna, 1984.

EMEDIATO, Vander. A fórmula do texto: redação, argumentação e leitura. São Paulo: Geração Editorial, 2008.

FERREIRA, Marina. Redação: palavra e arte. 2.ª ed. São Paulo: Atual, 2006.

FIORIN, José Luiz. Argumentação. 1.ª Ed. São Paulo: Contexto, 2016.

GARCIA, Othon M. Comunicação em Prosa Moderna. 26 ed. Rio de Janeiro: Editora FGV, 2006.

KOCH, Ingedore Grunfeld Villaça. Introdução à Linguística Textual. São Paulo: Martins Fontes, 2006.

MAINGUENEAU, Dominique. A noção de hiperenunciador. Tradução brasileira de Fábio César Montanheiro & Roberto Leiser Baronas. Revista Polifonia n.º 10, do Mestrado em Estudos de Linguagem - MeEL da Universidade Federal de Mato Grosso – UFMT, 2005.

MAQUIAVEL, Nicolau. Comentário sobre a primeira década de Tito Lívio. 2 ed. Ed. UNB: Brasília, 1979.

MARCUSCHI, Luiz Antônio. Produção textual, análise de gêneros e compreensão. São Paulo: Parábola Editorial, 2008.

MENDES, Eunice. JUNQUEIRA, L. A. Costacurta. Falar em público: prazer ou ameaça? Pequenos grandes segredos para o sucesso nas comunicações formais e informais. Rio de Janeiro: Qualitymark, 1997.

PERELMAN, Chaim. OLBRECHTS-TYTECA, Lucie. Tratado da argumentação: a nova retórica. Tradução Maria Ermantina de Almeida Prado Galvão. 3.ª ed. – São Paulo: Editora WMF Martins Fontes, 2014.

PLANTIN, Christian. A argumentação. Histórias, teorias, perspectivas. São Paulo: Parábola Editorial, 2008.

RAMOS, Ricardo. Circuito fechado: contos. Apresentação: Lygia Fagundes Telles. Prefácio: Alcides Villaça. São Paulo: Globo, 2012.

REBOUL, Olivier. Introdução à retórica. Tradução Ivone Castilho Benedetti. São Paulo:Martins Fontes, 2004.

VIANA, Antônio Carlos (coord.). Roteiro de redação: lendo e argumentando. São Paulo: Scipione, 2006.

- editoraletramento
- editoraletramento
- grupoletramento
- editoraletramento.com.br
- company/grupoeditorialletramento
- contato@editoraletramento.com.br

- casadodireito.com
- casadodireitoed
- casadodireito

Grupo Editorial
LETRAMENTO